Die Verhandlungsmethoden der Einkäufer

D1723323

Christian Kober

Die Verhandlungs-
methoden der
Einkäufer

Wie Verkäufer sie durchschauen
und ihnen souverän begegnen

Christian Kober
cfm Kober + Partner GmbH
Kreßberg, Deutschland

ISBN 978-3-658-22547-6   ISBN 978-3-658-22548-3   (eBook)
https://doi.org/10.1007/978-3-658-22548-3

Die Deutsche Nationalbibliothek verzeichnet diese Publikation in der Deutschen Nationalbibliografie;
detaillierte bibliografische Daten sind im Internet über http://dnb.d-nb.de abrufbar.

Springer Gabler

Springer Gabler ist ein Imprint der eingetragenen Gesellschaft Springer Fachmedien Wiesbaden GmbH
und ist ein Teil von Springer Nature
Die Anschrift der Gesellschaft ist: Abraham-Lincoln-Str. 46, 65189 Wiesbaden, Germany

Vorwort

Immer wieder stellen sich Unternehmer, Verkäufer und vielleicht auch Sie die Frage, wie Einkäufer denken und welche Methoden sie in harten Preisverhandlungen einsetzen. Wie geht ein Einkäufer bei einer elektronischen Ausschreibung vor? Welche Varianten von Online-Auktionen gibt es? Was meint ein Einkäufer mit speziellen Ausdrücken wie TCO-Analyse, Dutch Auction oder RFQ? Dieses Buch soll dazu beitragen, dass Sie die Welt der Einkäufer in Zukunft noch besser verstehen. Sie erhalten Anregungen, um Ihre preisclevere Kommunikation zu optimieren. Dabei habe ich den Fokus v. a. auf einen leicht verständlichen Überblick gelegt. Für Vorstände, Geschäftsführer, Vertriebsleiter und Verkäufer, die sich für die harten Methoden der Einkäufer und der cleveren Preiskommunikation interessieren, selbst jedoch bislang noch keine Profis in Sachen Einkauf sind.

Die Verhandlungsmethoden der Einkäufer finden Sie gleich in Kap. 1, anschließend werden die Denkweisen und Ziele von Einkäufern (Kap. 2) sowie ihre Beschaffungsstrategien (Kap. 3) und Konzepte (Kap. 4) näher erläutert. Es folgt ein Blick auf digitale Einkaufsverfahren (Kap. 5), elektronische Auktionen (Kap. 6) und den digitalen Wandel im Vertrieb (Kap. 7). In Kap. 8 wird anschließend die preisclevere Kommunikation mit Einkäufern betrachtet. Dazu analysieren wir zuerst die Schwächen in der Preiskommunikation einiger Unternehmen, um anschließend die entsprechenden Optimierungschancen, z. B. im Umgang mit Kundenanfragen, beim Präsentieren von Angeboten sowie in der Vorbereitung und glaubwürdigen Gestaltung von Preisverhandlungen zu erörtern. In Kap. 9 können Sie Ihre momentane Preisfitness selbst testen. Zum Abschluss finden Sie in Kap. 10 eine Sammlung wichtiger Begriffe aus der Welt der Einkäufer.

Meine Erfahrungen als Verhandlungstrainer, Hochschuldozent und Geschäftsführer der cfm Kober + Partner GmbH in Kreßberg und aus zahlreichen Seminaren und Vorträgen im In- und Ausland sind in dieses Buch eingeflossen. Ich hoffe, auch Sie finden praktisch umsetzbare Tipps, um im harten Preiskampf in Zukunft noch erfolgreicher zu sein.

Sie können Ihre Zukunft nicht voraussehen, Sie können sich jedoch gut darauf vorbereiten. Ich wünsche Ihnen viel Erfolg bei Ihrer Kommunikation mit Profieinkäufern und allzeit ertragreiche Preise!

PS1: Für Fragen oder Anregungen stehe ich Ihnen gern unter info@christiankober.com bzw. www.christiankober.com oder unter der Telefonnummer 07957/ 92 67 45 unverbindlich zur Verfügung.

PS2: Mein besonderer Dank gilt meiner Lieblingstante Anne und meiner Frau Barbara, die immer an meine Methoden und mich geglaubt haben. Danke für Eure Unterstützung!

Kreßberg	Ihr
im Juni 2018	Christian Kober

Inhaltsverzeichnis

1   Verhandlungsmethoden gewiefter Einkäufer   1

   1.1   Kommunikative Tricks   2

   1.2   Kostenorientierte Techniken   6

   1.3   Psychologische Finten   14

2   Wie denken moderne Einkäufer?   31

   2.1   Einkäufer verhandeln global und digital   31

   2.2   Ziele von Einkäufern   34

   2.3   Checkliste eines Einkäufers zur Vorbereitung   37

   2.4   Lieferantenauswahl und -management   40

   2.5   Lieferantenentwicklung   43

   2.6   Klassifizierung der Beschaffungsbedarfe   44

3   Die Strategie der Beschaffung   47

   3.1   Objektbezogene Beschaffung   48

   3.2   Subjektbezogene Beschaffung   50

   3.3   Technologiebezogene Beschaffung   50

   3.4   Arealbezogene Beschaffung   51

   3.5   Lieferantenbezogene Beschaffung   52

3.6	Zeitbezogene Beschaffung	52
3.7	Wertschöpfungsbezogene Beschaffung	54

4   Die Konzepte der Einkäufer   55

4.1	Verfahren zur Kostensenkung	58
	4.1.1 Zentraler oder dezentraler Einkauf?	58
	4.1.2 Design-to-Cost	59
	4.1.3 Total-Cost-of-Ownership-Methode	61
	4.1.4 Make-or-Buy-Entscheidung treffen	64
	4.1.5 Zielkostenverfahren	66
	4.1.6 ABC-Analyse	68
	4.1.7 Cost-Breakdown-Analyse	70
	4.1.8 Pivot-Analyse und Data Mining	73
	4.1.9 ABC-, XYZ- und Preisindexanalyse	74
	4.1.10 Balanced Scorecard im Einkauf	75
4.2	Verfahren im Umgang mit Lieferanten	76
	4.2.1 Advanced Purchasing	76
	4.2.2 Lieferantenaudit	78
	4.2.3 Risikomanagementanalyse	79
	4.2.4 Lieferantenanalyse	81
	4.2.5 Lead-Buyer-Konzept	82
	4.2.6 Failure-Mode-and-Effects-Analyse	83
	4.2.7 E-Collaboration	84
	4.2.8 Category Management	86
	4.2.9 Strengths-Weaknesses-Opportunities-Threats-Analyse	87
	4.2.10 Due-Diligence	88
	4.2.11 Bedarfsklassifikation	90
	4.2.12 Benchmarking	92
	Verwendete Literatur	93

5   Digitale Einkaufsverfahren   95

5.1	E-Procurement – Krise oder Chance?	96
5.2	Varianten des E-Sourcings	96
5.3	Vor- und Nachteile des E-Sourcings	98

5.4   Systeme des elektronischen Einkaufs   99
5.5   Varianten des E-Procurements   101
       5.5.1   Elektronische Kataloge   101
       5.5.2   Digitale Marktplätze   102
       5.5.3   Elektronische Ausschreibung   105

6   Elektronische Auktionen   109
6.1   Arten von Online-Auktionen   109
6.2   Ablauf von Online-Auktionen   113

7   Digitaler Wandel im Vertrieb   117
7.1   Noch persönlich kommunizieren?   117
7.2   Pflege Ihrer VIP-Kunden   118

8   Preisclever mit Einkäufern kommunizieren   121
8.1   Schwächen und Chancen in der
       Preiskommunikation   121
       8.1.1   Geringe Kenntnisse, Anreize oder
                Kontrolle   121
       8.1.2   Fehlende Preiskommunikationswerkzeuge   124
8.2   Preisclever zu kommunizieren lohnt sich   127
8.3   Analyse Ihrer Preiskommunikation   129
8.4   Klare Preiskommunikationsstrategie   131
8.5   Vorbereitung Ihrer Preisverhandlungen   134
       8.5.1   Die Grundsätze glaubwürdiger
                Kommunikation   135
       8.5.2   Checkliste zur Vorbereitung erstellen   142
       8.5.3   Kunden richtig einschätzen   145
       8.5.4   Chancenpotenziale ansprechen   147
8.6   Preisclever anbieten   150
       8.6.1   Umgang mit Kundenanfragen   150
       8.6.2   Zusatzverkäufe steigern   154
       8.6.3   Tipps für Ihre Gesprächsführung   155
       8.6.4   Wackelaussagen   157

8.7	Angebotspräsentationen vor Entscheidern		158
8.8	Verhalten im Preisgespräch		164
	8.8.1	Tipps für Ihr Gesprächsverhalten	164
	8.8.2	Auf Einwände der Einkäufer reagieren	171
	8.8.3	Zusatzaspekte im Preisgespräch	174
	8.8.4	Formulierungen für Nachfassgespräche	175
	8.8.5	Praxisbewährte Abschlussmethoden	176
	8.8.6	Die Kunst der Weiterempfehlung	180
9	**Ihr Preisfitnesstest**		**183**
10	**Begriffe aus der Welt der Einkäufer**		**187**
Literatur			**205**

1

Verhandlungsmethoden gewiefter Einkäufer

Was Sie aus diesem Kapitel mitnehmen

Einkäufer erfolgreicher Unternehmen werden häufig nicht nur in Sachen Controlling und Analyse, sondern auch in der Anwendung harter Verhandlungsmethoden trainiert. Dieses Kapitel stellt wichtige Verhandlungstechniken vor, die gerissene Einkäufer anwenden. Sie lernen die Verhandlungstricks gewiefter Einkäufer kennen: von der Low-cost-country-Keule über die Grüne-Wiese-Kalkulation bis zum Einsatz von Suggestivfragen.

Kennen Sie und Ihre Vertriebsmitarbeiter die wichtigsten Verhandlungsmethoden von Einkäufern? Wurde Ihr Verkaufsteam im Hinblick auf das Verhalten gegenüber harten Einkäufern mit intensiven Übungen trainiert? Denn eines ist klar: Es genügt nicht, die Verhandlungstechniken der Gegenseite zu kennen. Man sollte – wie ein guter Tennisspieler – auch aktiv eine entsprechende individuelle Reaktion darauf trainieren. So haben Sie im richtigen Moment die passende Antwort auf die Verhandlungstechniken der Einkäufer parat.

Das grundsätzliche Ziel von Einkäufern bei Preisverhandlungen besteht darin, die Kosten des Angebots möglichst niedrig zu halten. Um das zu erreichen, setzen sie verschiedene Methoden ein. Die wichtigsten möchte ich Ihnen in diesem Kapitel vorstellen. Überlegen Sie

© Springer Fachmedien Wiesbaden GmbH, ein Teil von Springer Nature 2018
C. Kober, *Die Verhandlungsmethoden der Einkäufer,*
https://doi.org/10.1007/978-3-658-22548-3_1

doch während des Lesens, ob Ihnen schon einmal eine dieser Taktiken begegnet ist. Weiterführende Tipps, wie Sie möglichst preisclever mit Einkäufern kommunizieren und erfolgreich Preisverhandlungen führen, finden Sie auch in Kap. 8.

1.1 Kommunikative Tricks

Die kommunikative Trickkiste gerissener Einkäufer ist mittlerweile groß. Die eine oder andere Kommunikationsmethode, die Beschaffer in Verhandlungen einsetzen, habe ich für Sie gesammelt:

Hypothesen

„Also, mal angenommen, ich würde mich doch für Ihr Angebot entscheiden, obwohl es ja wesentlich teurer ist als das Ihres Wettbewerbers: mit wie viel Prozent würden Sie mir dann preislich entgegenkommen? Zweistellig sollte es schon mindestens sein, damit Sie annähernd an Ihre Konkurrenz herankommen."

Mit dieser hypothetischen Frage setzt der Einkäufer den Verkäufer unter Druck und versucht sein preisliches Verhandlungsziel zu erreichen. Ob er dann tatsächlich das Angebot des Verkäufers bzw. seinen angebotenen Preis akzeptiert, steht natürlich auf einem ganz anderen Blatt.

Ihre Reaktion

Hypothesen begegnen Sie am besten ebenfalls mit Hypothesen. Sie schlagen Ihren Gegner sozusagen mit seinen eigenen Waffen. Beispielsweise antworten Sie folgendermaßen auf die eingangs geschilderte Frage des Einkäufers: „Sie fragen mich, ob ich Ihnen preislich entgegenkomme, wenn Sie sich für unser Angebot entscheiden. Ich weiß, Sie sind jemand, der zu seinem Wort steht. Wenn ich Ihnen jetzt aufs Äußerste entgegenkomme, unterzeichnen Sie mir dann heute Ihre Bestellung?" Wenn der Einkäufer hier positiv antwortet, schlagen Sie ihm eine Kundenleistung vor, wie z. B. die Selbstabholung des Mietgeräts mit dem eigenen Lkw. Kommen Sie ihm dafür preislich etwas entgegen und holen Sie sich direkt den Auftragsabschluss.

Reiche Ernte

Einkäufer drohen nicht nur, sondern sie versprechen auch viel, nach dem Motto:

„Wenn Sie mir dieses Mal preislich mit mindestens x Prozent entgegenkommen, sehe ich hervorragende Aussichten dafür, Sie auch allen meinen Kollegen aus unseren Auslandsniederlassungen als Anbieter zu empfehlen. Das bedeutet für Sie höhere Stückzahlen. Aber dazu müssen wir erst einmal bei diesem Projekt klarkommen."

Ihre Reaktion

Im Fall von vagen Versprechungen des Einkäufers empfehle ich Ihnen, die Gelegenheit beim Schopf zu packen und Ihrem Kunden mitzuteilen, dass Sie sich über seine Anregung freuen. Anschließend schlagen Sie einen schriftlichen Vertrag mit den entsprechenden Details wie den exakten Liefermengen, den zu beliefernden Werken im Ausland etc. vor. Testen Sie zuerst, ob der Einkäufer es wirklich ernst meint, bevor Sie ihm einen Preisnachlass geben.

Versuchen Sie bitte, die Versprechungen des Einkäufers zu fokussieren und in Schriftform zu vereinbaren.

Sie- und Suggestivfragen

Der Einkäufer verwendet sog. *Sie-Fragen,* wie beispielsweise:

- „Sie sind doch nicht wirklich der Meinung, dass …?"
- „Sie glauben doch selbst nicht, dass …?"
- „Wenn Sie sagen, dass Sie der beste Anbieter auf dem Markt sind, dann frage ich Sie, wie Sie zu dieser utopischen Auffassung kommen?"
- „Wollen Sie behaupten, dass Ihre Wettbewerber schlechter sind als Sie?"

Natürlich möchte der Einkäufer den Verkäufer durch diese provokativen Sie-Fragen verunsichern und aus der Reserve locken. Sein letztendliches Ziel dabei ist es, bessere Preise und Konditionen zu erhalten.

Erfahrene Einkäufer sind auch Meister im Stellen von *Suggestivfragen*. Einige Beispiele:

- „Ist Ihr zu teures Angebot überhaupt interessant für uns?"
  Der Einkäufer stellt hier einfach die Behauptung auf, dass Ihr Angebot zu teuer sei.
- „Geben Sie mir nun acht oder zehn Prozent Nachlass?"
  Der Einkäufer setzt voraus, dass er so oder so einen Nachlass vom Verkäufer erhält.

Sie haben sicherlich bemerkt, dass die suggestiven Fragen des Einkäufers eine vorbestimmte Antwort implizieren und häufig von einer feststehenden Grundannahme ausgehen.

Ihre Reaktion

Die genannten Sie- bzw. Suggestivfragen sind teilweise durchaus manipulativ. Wenn ein Einkäufer diese oft einsetzt, würde ich Ihnen raten, dies freundlich, aber bestimmt anzusprechen, beispielsweise folgendermaßen: „Herr Einkäufer, Sie fragen mich, ob unser zu teures Angebot überhaupt interessant für Sie sei. Wieso denken Sie, unsere Offerte wäre zu teuer? Mit wem vergleichen Sie uns? An welchen genauen Leistungspunkten machen Sie dies fest? Gern können wir die beiden Angebote, Ihr bisheriges und unseres, mal gemeinsam durchgehen, um die wirtschaftlichste Variante für Sie zu finden." Sie merken: Suggestiven Fragen begegnen Sie am besten mit freundlichen, aber bestimmten Gegenfragen.

So und nicht anders

Sobald der Lieferant versucht, Leistungsalternativen ins Gespräch zu bringen, meint der Einkäufer zu ihm: „Sie haben unser Pflichtenheft mit unseren Leistungsanforderungen schriftlich vorliegen. Alternativen dazu kommen nicht infrage. Bieten Sie *so und nicht anders* an." Der Einkäufer versucht also, den Verkäufer sozusagen auf der Preisseite festzunageln, indem er keinerlei Änderungen auf der Leistungsseite akzeptiert.

Ihre Reaktion

In diesem Fall empfiehlt es sich, die Leistungen der eigenen Person aus vergangenen Projekten sowie nicht eindeutig vergleichbare Vorteile z. B. im Beratungs- und Servicebereich hervorzuheben. Denken Sie auch an mögliche kostenfreie Zusatzleistungen, die der Kunde zwar nicht extra anfragt, jedoch bei Ihnen zusätzlich erhält. Diese können durchaus wertvoll für Ihren Verhandlungspartner sein.

Unterschreib oder stirb!

Der Einkäufer setzt den Verkäufer unter Druck: „Entweder Sie unterschreiben den Vertrag sofort oder wir vergeben ihn an Ihren Wettbewerber."

Große Konzerne haben gewiefte Rechtsabteilungen, die Profis in puncto Vertragsformulierung sind. So kann es beispielsweise durchaus sein, dass im Kleingedruckten steht, dass sich der Gerichtsstand im Streitfall im Ausland, z. B. in den USA, befindet. Obwohl der Lieferant seinen Standort in Deutschland hat und auch innerhalb Deutschlands an den Konzern liefert, sieht er sich gegebenenfalls mit ausländischem Recht und entsprechend hohen Summen bei der Nichteinhaltung von Terminen bzw. bei Qualitätsbeanstandungen konfrontiert.

Ihre Reaktion

Sie sollten bei bedeutenden Verträgen unbedingt vor dem Unterzeichnen das Kleingedruckte im Vertrag studieren bzw. rechtlich prüfen lassen, da sonst die Gefahr einer Fehlentscheidung viel zu groß ist.

Zickzackkurs

Ähnlich wie ein cleverer Hase, der statt geradeaus lieber im Zickzackkurs auf dem Feld rennt, sobald er den Schuss des Jägers hört, verhalten sich auch einige Einkäufer bewusst widersprüchlich.

Zuerst fragen sie freundlich nach den Leistungsargumenten des Verkäufers und loben diese überschwänglich. Dann gehen sie plötzlich voll auf die Preisseite und weisen den Angebotspreis entrüstet und beleidigt weit von sich, bis der Verkäufer verzweifelt, weil er den roten

Faden der Verhandlungsstrategie des Einkäufers beim besten Willen nicht erkennen kann.

Ihre Reaktion

Falls ein Einkäufer den Zickzackkurs einschlägt, haben Sie selbstverständlich auch die Möglichkeit, diese Methode Ihrerseits zu verwenden. Wenn der Einkäufer auf der Preisseite einen Nachlass von fünf Prozent fordert, springen Sie sofort auf die Leistungsseite. Fragen Sie ihn beispielsweise: „Auf welche der angebotenen Leistungen könnten Sie am ehesten verzichten, um die fünf Prozent Nachlass zu kompensieren, was in diesem Fall 5000 EUR entspricht?"

1.2   Kostenorientierte Techniken

Einkäufer setzen eine Reihe von Techniken ein, die darauf abzielen, Kosten zu senken bzw. Preisforderungen nicht zu akzeptieren. Im Folgenden finden Sie einige davon:

Erneute Preisverhandlung
Zahlreiche Einkäufer verhandeln, obwohl dies im ursprünglichen Vertrag nicht vorgesehen war, erneut über Preise und Konditionen während der Laufzeit eines Vertrags. Sie verfolgen damit das Ziel, den Lieferanten preislich weiter unter Druck zu setzen.

Ihre Reaktion

Bleiben Sie im ersten Moment bitte auf jeden Fall hart in der Sache. Verweisen Sie auf den bestehenden Vertrag und dessen Einhaltung. Betonen Sie die äußerst günstigen Konditionen und warten Sie dann ab, wie der Kunde reagiert. Sie können bei strategisch sehr wichtigen Kunden im Extremfall immer noch einen Plan B ansprechen. Falls der Einkäufer weiterhin unbedingt nachträglich den Preis neu verhandeln möchte, akzeptieren Sie dies bitte nur bei entsprechendem Entgegenkommen des Kunden, damit Ihr bisheriger Deckungsbeitrag erhalten bleibt.

Grüne-Wiese-Kalkulation

Manche Verhandlungspartner setzen gerne die Grüne-Wiese-Kalkulation ein, um den Angebotspreis zu senken. Ein solcher Einkäufer präsentiert Ihnen beispielsweise die Kalkulation eines bestimmten Bauteils, das „auf der grünen Wiese" in einer Fabrik in einem Niedriglohnland produziert wird. Dazu hat er eine Gesamtkalkulation inklusive aller Kosten – wie beispielsweise Stundensätzen, Maschinen- und Lieferkosten – erstellt und diese auf den Herstellungspreis des einzelnen Bauteils bezogen. Nun vergleicht er Ihren angebotenen Produktpreis mit dem des Teils, das auf der grünen Wiese produziert werden könnte, und kommt zu dem Schluss, dass Ihr Preis zu teuer ist. Ergänzend dazu kann ein Einkäufer auch noch:

- **Auskünfte einholen und damit drohen:** Einkäufer konfrontieren Verkäufer beispielsweise mit den letzten Bilanzergebnissen, nach dem Motto: „Sie haben letztes Jahr einen horrenden Jahresüberschuss von einer Million Euro erzielt. Sie verdienen offensichtlich viel zu viel an uns. Wir haben Ihren Jahresüberschuss in Relation zu Ihrem Umsatz einmal in Bezug auf den Teilepreis kalkuliert. Sie müssten uns nach unserer Berechnung mit mindestens zwölf Prozent Nachlass entgegenkommen und hätten dann immer noch einen für Ihre Branche akzeptablen Gewinn."
- **den Einkaufsdruck erhöhen:** Der Einkäufer nutzt bei dieser Methode beispielsweise die Mitgliedschaft des von ihm repräsentierten Unternehmens in einer Einkaufsgemeinschaft als Druckmittel in der Verhandlung. So konfrontiert er beispielsweise seinen Lieferanten mit Einkaufspreisen und Konditionen, die ein anderes Mitglied der Gemeinschaft bereits vom selben Anbieter erhält. Oder er gibt dem Verkäufer zu verstehen, dass auf ihn ja noch ein großes Bedarfspotenzial durch die hohen Bedarfsmengen in der Einkaufsgemeinschaft warte. Entsprechend müsse er ihm preislich entgegenkommen. Ob er letztendlich dann wirklich die hohe angefragte Menge oder nur eine geringere bestellt, ist aber noch lange nicht sicher.

Ihre Reaktion

Wenn die Preis- bzw. Kostenvorstellungen des Einkäufers jenseits von Gut und Böse sind, versuchen Sie bitte, entsprechende Angebotsalternativen bzw. Leistungen Ihres Kunden, die Ihren Deckungsbeitrag erhöhen, aktiv ins Spiel zu bringen. Akzeptieren Sie keinesfalls sofort die Preisvorstellungen Ihres Verhandlungspartners. Agieren Sie nach dem Prinzip des Geben und Nehmens. Das heißt: Der Einkäufer erhält nur dann einen Nachlass, wenn Sie etwas dafür erhalten (beispielsweise eine höhere Abnahmemenge o. Ä.; s. dazu auch Abschn. 8.8.1.

Kosten auslagern durch das Supplier-Managed-Inventory-Konzept

Das Prinzip des Outsourcings, also der Auslagerung von Leistungen auf externe Lieferanten, lässt sich u. a. bei den Verwaltungs-, Lager- und Bestellkosten gut anwenden, indem der Einkäufer versucht, einen hohen Anteil dieser Kostenblöcke auf den Lieferanten abzuwälzen.

Dazu schlägt er ihm beispielsweise eine Zusammenarbeit auf Basis des Supplier-Managed-Inventory(SMI)-Konzepts vor, was dazu führen kann, dass der Lieferant die Lager- und Bestandsverwaltung für den Kunden übernimmt.

Ihre Reaktion

Einerseits kann das SMI-Konzept ein gutes Mittel zur verstärkten Kundenbindung darstellen, andererseits handelt es sich – falls diese Leistung nicht entsprechend bezahlt wird – auch um einen zusätzlichen Kosten- bzw. Zeitaufwand für den Lieferanten. Bei entsprechender zusätzlicher Vergütung ist das SMI-Konzept also durchaus ein interessanter Ansatz für einige Anbieter.

Kostenlose Muster und Zusatzleistungen

Der Einkäufer sagt zum Verkäufer: „Für Muster haben wir noch nie etwas bezahlt. Die sind doch selbstverständlich kostenlos. Diese dienen Ihnen doch nur als probates Mittel zur Auftragsanbahnung. Oder wie sollen wir uns ohne ein kostenfreies Materialmuster von Ihrer Leistungsfähigkeit überzeugen können?"

Manche Einkäufer beharren dann zusätzlich noch auf relativ hohen kostenfreien Mustermengen und dies gleich bei mehreren Lieferanten. Ähnlich sieht es im Bereich der Prototypen aus. Ein Einkäufer meint zum Verkäufer: „Es ist ja wohl selbstverständlich, dass Sie von uns nicht noch extra etwas für Ihre Prototypenentwicklung erhalten. Dies ist bei uns in der Branche völlig unüblich. Sollten Sie darauf bestehen, sehe ich den Gesamtauftrag von zwei Millionen Stück als sehr gefährdet an."

Das heißt: Der Einkäufer ist schlicht und einfach nicht bereit, entstandene Kosten zu begleichen. Falls der Verkäufer dies nicht akzeptiert, droht der Verlust des Gesamtauftrags.

Zudem fordert der Einkäufer, während oder auch teilweise nach dem Abschluss der Verhandlung – als wäre es selbstverständlich – für Sie aufwändige bzw. teure Zusatzleistungen ein, natürlich ohne dafür einen Mehrpreis zu bezahlen; denn er dachte, diese Zusatzleistungen seien „selbstverständlich" im Angebot enthalten, auch wenn dies nicht ausdrücklich erwähnt wurde.

Ihre Reaktion

Bei der Weitergabe des Musters einer Kartonage zum Test auf einer Verpackungsmaschine ist die kostenlose Abgabe in geringem Umfang ja noch plausibel. Bei aufwändigen Planungsprojekten, Prototypenentwicklungen o. Ä. sollte man grundsätzlich die entstehenden Kosten bzw. geforderten Zusatzleistungen an Kunden weitergeben, sofern es irgendwie möglich ist. Dies sollte auch entsprechend im Vertrieb kommuniziert werden. Es mag bei strategisch wichtigen Kunden Ausnahmen geben. Doch diese Fälle müssen ausdrücklich von der Geschäftsleitung genehmigt werden. Ansonsten verschenken einige Verkäufer wertvolle Leistungen, die eigentlich berechnet werden könnten.

Low-Cost-Country-Keule

Der Einkäufer schwenkt die Low-Cost-Country(LCC)-Keule. Er droht damit, in Zukunft nicht mehr bei Ihnen, sondern bei einem neuen Lieferanten aus einem LCC, also einem Land mit niedrigeren Lohnkosten, seinen Bedarf zu decken.

Ihre Reaktion

Bei der LCC-Keule geht es v. a. darum, dem Einkäufer darzulegen, dass er bei Ihnen trotz der Produktion im Inland das – qualitativ und wirtschaftlich gesehen – beste Angebot erhält. Ein erfolgreicher Unternehmer aus dem Maschinenbau, der global tätig ist, sagte mir einmal, dass letztendlich der Automatisierungsgrad in der Produktion für ihn darüber entscheidet, ob auch eines seiner inländischen Werke im Vergleich zu Produktionsstätten im Ausland mit günstigeren Lohnkosten konkurrenzfähig ist. Davon abgesehen ist es meiner Meinung nach für viele mittelständische Unternehmen sinnvoll, mit Partnern aus LCC aktiv zusammenzuarbeiten, um die eigene Wettbewerbsfähigkeit auch in Zukunft zu sichern und weiterhin attraktive Angebote bieten zu können.

Preiserhöhung zurückweisen

Grundsätzlich weist ein professioneller Einkäufer erst einmal sämtliche Preiserhöhungen entschieden zurück. Einige Einkäufer drehen den Spieß sogar um und setzen vorformulierte Standardschreiben ein, um die Lieferanten darüber zu informieren, dass beispielsweise zum ersten Januar die Einkaufspreise einer bestimmten Teilegruppe um drei Prozent gesenkt werden müssten. Falls der Lieferant nicht innerhalb einer bestimmten Frist widerspricht, gilt dies als akzeptiert.

Ihre Reaktion

Die Kommunikation über anstehende Preiserhöhungen ist immer ein heikles Thema in Verkäuferkreisen. Wie teilen Sie dem Einkäufer höflich, aber bestimmt mit, dass eine Preisanpassung ansteht, ohne dass er gleich an die Decke geht?

Dazu einige – selbstverständlich bitte nicht als Pauschalrezepte zu verstehende – Anregungen:

- Besprechen Sie Preisanpassungen mit wichtigen Kunden persönlich.
- Sprechen Sie nicht von einer Preiserhöhung, sondern eher von einer Preisanpassung bzw. Preisangleichung.
- Manchmal ist es sinnvoll, statt einer Reduzierung der Höhe der Preisangleichung ein Terminzugeständnis zu gewähren. Also beispielsweise bleibt es bei einer achtprozentigen Preiserhöhung, diese gilt jedoch nicht – wie ursprünglich geplant – ab dem 1. Januar, sondern erst ab dem 15. Januar.

- Analysieren Sie vorab die Preisangebote Ihrer wichtigsten Wettbewerber.
- Beziehen Sie Rohstoffpreise, Wechselkurse und sonstige globale Entwicklungen in Ihre Kommunikation über die Preisanpassung mit ein.
- Unter Umständen können Sie bei heftiger Gegenwehr Kompensationsangebote vorschlagen, falls Sie etwas von Ihrem Kunden benötigen und umgekehrt.
- Sammeln Sie sachlich nachvollziehbare Fakten von Verbänden, aus Marktstudien etc., die für eine Erhöhung der Preise sprechen.
- Ist eine Volumenreduktion statt einer Preiserhöhung möglich? Das geschieht z. B. wenn der Preis des Joghurts gleich bleibt, jedoch das Fassungsvermögen des Joghurtbechers von 250 auf 200 Gramm sinkt.
- Erstellen Sie eine Liste mit möglichen Gegenleistungen, die Ihr Kunde Ihnen bieten könnte, und sprechen Sie diese aktiv im Gespräch an.
- Machen Sie sich bitte einmal Gedanken darüber, welche Teilleistungen in Zukunft zusätzlich berechenbar wären.

Das Rabattregister

Einkäufer ziehen gerne das Rabattregister und bringen als Forderungen im Preisgespräch die unterschiedlichsten Arten von Nachlässen ins Spiel. Hierzu einmal eine kleine Aufzählung häufiger Rabattforderungen, die von Einkäufern in Verhandlungen angesprochen werden:

- Jubiläumsrabatt
- Mengenrabatt
- Selbstabholungsnachlass
- Werberabatt bzw. -zuschuss
- Erstbestellernachlass
- Treuerabatt
- Naturalrabatt
- Kostendegressionsrabatt

Ihre Reaktion

Die Rabatt-Erfinderitis greift weiter um sich. Wichtig ist hier, dass Sie im Gegenzug eine schriftliche Checkliste mit passenden Ideen entwickeln, wie Ihnen Ihr Kunde entsprechend entgegenkommen kann. Stellen Sie diese

Liste allen Kollegen, die Preisgespräche führen, zur Verfügung. Zusätzlich können Sie dem Einkäufer vorschlagen, sich gemeinsam auf einen einheitlichen Gesamtnachlass anstatt vieler einzelner Rabattierungen zu einigen, die an die Erfüllung bestimmter Leistungen des Kunden gekoppelt sind. Dies spart dem Einkäufer und Ihnen Zeit in der Abwicklung und Abrechnung.

Reklamationskosten abwälzen

Manche Einkäufer nutzen auch den kleinsten Reklamations- bzw. Regressgrund, um daraus „einen Elefanten zu machen" und entsprechende Erstattungen bzw. preisliche Zugeständnisse des Lieferanten bei Folgeaufträgen zu erzielen.

So erlebte es z. B. ein Möbelfabrikant, der das vom Einkäufer reklamierte Möbelstück eine Woche in seiner Produktionshalle stehen ließ, dann unverändert zurückschickte und daraufhin vom Einkäufer hörte, dass nun alles in Ordnung sei.

Es lohnt sich also, einmal die Einkäufer, die sehr häufig ohne erkennbaren Grund reklamieren, zu identifizieren und gegebenenfalls darauf anzusprechen. Einige Einkäufer erfassen dabei systematisch mögliche Gründe zur Reklamation und reklamieren teilweise auch ohne erkennbaren Mangel. Dabei können sie u. a. folgende Ziele verfolgen:

- Preisreduzierung
- Besserung der Lieferung
- Durchsetzung von Ersatz- bzw. Regressansprüchen

Ihre Reaktion

Die Kunst besteht darin, gelassen zu bleiben und folgende Verhaltenstipps zu beherzigen, wenn der Einkäufer reklamiert und Sie unter Druck setzt:

- Bleiben Sie sachlich.
- Gehen Sie auf unsachliche Beschuldigungen nicht ein.
- Zeigen Sie Verständnis.
- Verzichten Sie auf belehrende Aussagen.
- Vermeiden Sie Fremdwörter.
- Verwenden Sie bitte bei cholerischen Kunden häufig die Ich- oder Wir-Form und nicht die Sie-Form:

„Sie haben die Ware falsch bestellt …" bzw. „Sie haben das falsch verstanden …" wirkt eher aggressiv. „Ich sehe, in der Bestellung wurde Folgendes eingetragen …" bzw. „Ich habe mich vielleicht missverständlich ausgedrückt …" klingt kundenorientierter.

• Schreiben Sie bei Reklamationsgesprächen mit.
• Erkundigen Sie sich nach der Reklamationsbearbeitung beim Einkäufer nochmals nach seiner Zufriedenheit.

Reklamationen von Einkäufern muss man nicht zwangsläufig als Problem sehen, sondern man kann sie auch durchaus als Chance betrachten:

Folgende Chancen können sich dabei grundsätzlich aus Reklamationsgesprächen ergeben:

• neue Lösungsansätze,
• neue Angebotsmöglichkeiten,
• bessere Kundenbeziehungen,
• Ihr Kunde bleibt trotz einer Reklamation zufrieden und Ihnen treu.

Vergleichen

Mit gut vorbereiteten Vergleichen, z. B. in Form einer Excel-Tabelle mit einer Vergleichsberechnung zwischen Ihrem Angebot und dem Ihres Wettbewerbers, bringen manche Einkäufer Verkäufer an den Rand der Verzweiflung.

Selbstverständlich greifen Einkäufer dabei gezielt die schwachen bzw. überdurchschnittlich teuren Angebotsbereiche Ihres Angebots heraus und vergleichen diese mit den starken bzw. günstigen Angebotsbereichen Ihres Konkurrenten.

Diese Technik wird auch oft verwendet, wenn Verkäufer Preisanpassungen oder die Berechnung von Zusatzleistungen durchsetzen möchten, nach dem Motto:

Hören Sie mal, das ist ja wohl nicht Ihr Ernst? Sie wollen eine Preiserhöhung um drei Prozent, das wären bei unserem Einkaufsvolumen von einer Million Euro ja 30 000 Euro. Vergleichen Sie das mal mit Ihrem Hauptwettbewerber, der bietet mir sogar drei Prozent Nachlass an. Unter dem Strich würde ich ja, wenn ich das vergleiche, bei Ihnen sogar über 40 000 Euro mehr ausgeben, wenn ich Ihre horrenden zusätzlichen Transportkosten mit einbeziehe!

Ihre Reaktion

Sorgen Sie bei wichtigen Verhandlungen vor und erstellen Sie Ihrerseits auf das Projekt Ihres Kunden bezogene faktenbasierte Vergleiche, die Ihre Stärken im Vergleich zu Ihren wichtigsten Wettbewerbern betonen. Das können z. B. Berechnungen bzw. Diagramme sein, die aus Tests bzw. Messungen resultieren oder Benchmarking-Vergleiche mit Topkunden aus der Branche Ihres Interessenten.

1.3   Psychologische Finten

Die auf psychologischen Aspekten basierenden Finessen der Einkäufer sind, finde ich, besonders interessant, da sie nicht so leicht durchschaubar, jedoch häufig sehr effektiv sind.

Abbruch und Vertagen

Diese Verhandlungstechnik erlebte ich einmal auf einer Reise nach Indien. Der Geschäftsführer eines renommierten Unternehmens, ein alter Hase in Sachen Verhandlungskunst, führte mir diese Methode live vor. Zuerst wurden wir in einen Verhandlungsraum gebeten, erhielten heißen Tee und führten etwas Small Talk. Die Verhandlung zog sich endlos hin. Die indischen Lieferanten wollten partout nicht die extremen Preisvorstellungen des deutschen Einkäufers akzeptieren. Sie kamen ihm zwar mit einigen Prozenten entgegen, doch das reichte ihm nicht aus. Also drohte er mündlich damit, die Verhandlung abzubrechen. Als das auch nicht weiterhalf, und die indischen Verhandlungspartner immer noch freundlich, aber bestimmt den Kopf schüttelten (was übrigens nicht, wie bei uns in Europa, als ein Nein, sondern eher als ein abwartendes Schaun-wir-mal interpretiert werden sollte), platzte dem Einkäufer der Kragen: Er schlug urplötzlich mit der Faust auf den Verhandlungstisch. Die Inder zuckten zusammen. Der Einkäufer meinte: „We will go to our hotel now! And this evening we will fly back to Germany."

Die indischen Lieferanten blieben überrascht im Verhandlungsraum zurück und ich fragte den Einkäufer: „War jetzt wohl die ganze eingesetzte Verhandlungszeit vergebene Liebesmüh?" Daraufhin meinte er: „Warten Sie mal ab, noch ist nicht aller Tage Abend." Eine Stunde später stand der Cousin des indischen Geschäftsführers in unserer Hotellobby und bat uns dringend, wieder an den Verhandlungstisch zurückzukehren. Sie hätten jetzt auch wesentlich bessere Preise für uns dabei.

Ihre Reaktion

Falls ein Einkäufer die Verhandlung abbricht, bleiben Sie freundlich, fragen Sie ganz offen woran es, abgesehen vom Preis, genau lag, dass man sich heute nicht einigen konnte. Teilen Sie Ihrem Verhandlungspartner bitte mit, dass er Sie jederzeit kontaktieren kann und Sie für Fragen gerne weiterhin zur Verfügung stehen.

Ausarbeitungen weiterreichen

Einkäufer scheuen sich häufig nicht, die kompletten Ausarbeitungen, Pläne und Konzepte, die Sie als Anbieter im Rahmen eines Angebots vorgelegt haben, einfach an Ihre Wettbewerber weiterzureichen. Häufig hören Sie dann nach Ihrer Angebotsabgabe nichts mehr vom Kunden, obwohl er angekündigt hat, sich bei Ihnen zu melden. Dadurch versucht der Einkäufer, Sie psychologisch zu verunsichern.

Ihre Reaktion

Die Weitergabe Ihrer Ausarbeitungen lässt sich nie ganz verhindern. Hier empfiehlt es sich, im Vorfeld genau zu erörtern, ob wirklich jede Einzelposition in Ihrem Angebot bis ins Detail ausgearbeitet und preislich ausgewiesen werden sollte. Im Gegenteil: Wäre es in manchen Fällen nicht sinnvoller, bewusst *nicht* jedes Detail offenzulegen und dadurch gezielt eine Rückfrage des Kunden zu provozieren? Denn dann sind Sie wieder im Gespräch mit ihm und können in Ihrem Sinne argumentieren, bevor es der Verkäufer des Wettbewerbers tut. Ich kenne Vertriebsmitarbeiter, die sogar im Begleitschreiben bzw. der Begleit-E-Mail zum Angebot bewusst im Postskriptum eine Frage stellen, wie beispielsweise: „Könnten Sie mir bitte kurz telefonisch mitteilen, ob Ihnen eher das Papiermuster A oder B zusagt?" Einfach nur mit dem Ziel, wieder ins Gespräch mit dem Kunden zu kommen und dann möglichst den Auftrag abzuschließen.

> Ein Anbieter im Baubereich, dessen Angebote und komplette Pläne früher oft an Konkurrenten weitergegeben wurden, verlangt heute ein Honorar für die Erstellung der Planskizzen. Seitdem hat sich die Spreu vom Weizen getrennt. Und bei den Interessenten, die es wirklich ernst meinen und bereit sind, die Planungsgebühr zu bezahlen, konnte – im Vergleich zu früher – eine sehr gute Auftragsquote erzielt werden.

Ausschluss

Der Einkäufer droht dem Verkäufer damit, ihn in Zukunft von allen neuen Angebotsverhandlungen auszuschließen, sofern er ihm nicht deutlich preislich entgegenkommt. Im Handelsbereich sprechen Einkäufer hier auch von der sofortigen Auslistung aus allen Märkten, sollte ihren Preisvorstellungen nicht umgehend entsprochen werden.

> **Ihre Reaktion**
>
> Hier stellt sich einerseits die Frage, ob Sie sich im Ernstfall die Scheidung von Ihrem Kunden leisten können, und andererseits, welche interessanten Vorschläge Sie Ihrem Verhandlungspartner unterbreiten könnten. Ich habe einen Geschäftsführer erlebt, der dem Einkäufer, der ihm mit der Auslistung drohte, höflich antwortete: „Ich verstehe durchaus was Sie meinen. Doch bitte verstehen Sie auch, dass ich preislich absolut nichts mehr machen kann, es sei denn, Sie würden uns eine Zweitplatzierung in allen Märkten geben. Das würde bedeuten, dass unser Wein nicht nur im Weinregal, sondern auch gegenüber der Käsetheke präsentiert wird. Sie würden dadurch sicherlich mehr Umsatz mit unserem Wein erzielen und hätten gleichzeitig einen besseren Preis."

Bewusst unterschätzt werden

Manche Einkäufer verwenden bewusst ab und zu dumme Fragen, um beim Anbieter den Eindruck zu erwecken, dass man gar keine Ahnung von der angebotenen Materie habe. Beispielsweise fragt der Einkäufer den Verkäufer eines Maschinenbauunternehmens: „Wissen Sie, ich habe ja von der technischen Seite ehrlich gesagt keine Ahnung. Können Sie mir auf die Sprünge helfen und mir erläutern, weshalb Ihr Angebotskonzept so gut sein soll?"

Der Einkäufer stellt sich am Anfang also bewusst etwas dumm, um zu erreichen, dass sich der Verkäufer wohl und seiner Sache sicher fühlt. Der Lieferant denkt, er hätte leichtes Spiel und plaudert locker drauflos. Er verschießt ein gutes Argument nach dem anderen. Wenn dann plötzlich doch ein oder zwei versierte Fachfragen aus dem Mund des Einkäufers kommen, weiß der Verkäufer gar nicht mehr, woran er ist. Er wird unsicher.

Manche Verkäufer neigen dazu, den ersten Eindruck von einem neuen Einkäufer für bare Münze zu nehmen. Beispielsweise gewinnt der junge, unerfahrene Verkäufer gleich im ersten Gespräch mit dem neuen Einkäufer den Eindruck, dass sein Verhandlungspartner keine Ahnung von der Technik und er deshalb leichtes Spiel habe. Ein fataler Fehler. Hinzu kommt, dass manche Vertriebsmitarbeiter glauben, sie müssten ihre eigene Kompetenz durch die Verwendung möglichst vieler komplizierter Fachbegriffe unter Beweis stellen. Dieses Dozieren von oben herab trifft oft eher praktisch orientierte Gesprächspartner, die sich in Erstgesprächen nicht groß äußern, obwohl sie mehr Ahnung vom angebotenen Produkt haben, als so mancher Verkäufer. Man könnte diese Methode auch als *die Strategie des bewussten Unterschätzens* bezeichnen. Manchmal ist es nicht nur in Verhandlungen, sondern auch in der Politik hilfreich, wenn man vom Gegner als harmlos eingeschätzt wird.

Ihre Reaktion

Vorsicht bei neuen Gesprächspartnern, die so tun, als ob sie keine Ahnung hätten, oftmals etwas unbeholfen wirken und deshalb von einigen Anbietern unterschätzt werden. Halten Sie hier bitte keine Fachvorträge, sondern fragen Sie Ihren Verhandlungspartner zuerst nach seiner Meinung zum vorgestellten Produkt bzw. seiner Erfahrung mit der technischen Anwendung.

Wie meinte schon Mahatma Gandhi, der anfangs auch von seinen Gegnern unterschätzt wurde: **„Zuerst ignorieren sie dich, dann lachen sie über dich, dann bekämpfen sie dich und dann gewinnst du."**

Bis an die Grenzen gehen

Ein trainierter Einkäufer kennt diese Methode ganz genau. Er weiß, dass er in Preisverhandlungen bis an die äußerste Grenze gehen muss, um entsprechende Ergebnisse zu erzielen.

Ihm ist bewusst, dass die Grenze noch nicht erreicht ist, solange sich ein Verkäufer nur mündlich gegen drastische Nachlassforderungen des Einkäufers wehrt. Erst, wenn ein Verkäufer körpersprachlich reagiert, beispielsweise wütend aufsteht und gehen möchte, lenkt der Profieinkäufer manchmal etwas ein, oder er begleitet ihn ganz cool zum Auto und wünscht eine gute Fahrt nach Hause.

Ihre Reaktion

Erstens sollten Sie bitte auf die Übereinstimmung Ihrer mündlichen Gesprächsinhalte mit Ihrer Körpersprache achten. Teilweise erlebe ich Verkäufer, bei denen dies offensichtlich nicht der Fall ist. Sie antworten z. B. auf die Aussage des Einkäufers „Sie sind zehn Prozent zu teuer!" freundlich lächelnd mit einer offenen Körperhaltung: „Das habe ich mir schon gedacht, doch zehn Prozent schaffe ich nicht ganz, höchstens acht Prozent."

Zweitens können Sie durch den bewussten Einsatz Ihrer Körpersprache, beispielsweise durch Zuklappen Ihrer Präsentationsmappe oder Verschränken Ihrer Arme mit grimmigem Blick, Ihrem Verhandlungspartner signalisieren, dass er bereits die Verhandlungsgrenze erreicht hat, obwohl dies tatsächlich noch nicht der Fall ist.

Blindanfrage

Der Einkäufer fragt blind an, obwohl er keinen tatsächlichen Bedarf hat. Diese Methode dient dazu, einen bestehenden Lieferanten zu verunsichern und ihm den Eindruck zu vermitteln, aus einer konkreten Anfrage sei kein Auftrag zustande gekommen. Dadurch wird dem Anbieter schlagartig Folgendes bewusst gemacht: Er kann nicht sicher sein, dass er den Auftrag eines bestehenden Kunden, der bisher regelmäßig bei ihm gekauft hat, immer automatisch erhält. Einige Lieferanten fragen natürlich dann beim Kunden nach, weshalb diesmal nichts aus dem Auftrag wurde. Clevere Einkäufer antworten dann:

„Ganz einfach – Sie waren zu teuer und sollten Ihre Kalkulation beim nächsten Mal überdenken." Was der Anbieter nicht weiß, ist, dass der Einkäufer ihm eine Blindanfrage geschickt hat – also eine Anfrage, für die von Anfang an kein konkreter Bedarf bestand.

Ihre Reaktion

Bei Einkäufern, die ständig Blindanfragen platzieren, also regelmäßig anfragen, jedoch fast nie einen Auftrag vergeben, rate ich Ihnen, diese Tatsache direkt anzusprechen. Fragen Sie den Einkäufer offen, woran die äußerst geringe Auftragsquote, mal abgesehen vom Preis, liegt. Manchmal ergeben sich daraus Aspekte, an die man vorher gar nicht dachte. Oder man stellt fest, dass man in bestimmten Anfragebereichen einfach hinsichtlich des Leistungsprofils nicht zusammenpasst, in anderen jedoch durchaus. Diese Erkenntnis spart beiden Beteiligten in Zukunft wertvolle Zeit.

Chefmethode

Ein Einkäufer berichtet mir, diese Methode sei zwar primitiv, doch sie funktioniere sehr gut. Er erzählt: „Wir verhandeln mehrfach über ein Angebot und erzielen auch entsprechende Nachlässe. Wenn wir merken, dass der Anbieter am unteren Ende angekommen ist und nicht mehr bereit ist, uns weiter entgegenzukommen, dann kommt die Chefmethode zum Einsatz". Wir sagen zum Lieferanten: „Ist das wirklich Ihr Ernst, dass dies Ihr letztes Wort ist? Überlegen Sie sich das gut. Denn wenn Sie mir nicht mindestens noch mit x Prozent entgegenkommen, dann müssen Sie zu unserem Chef. Haben Sie unseren Boss schon einmal kennengelernt? Nicht? Na, da können Sie aber froh sein. Der letzte Lieferant, der mit ihm ein Gespräch geführt hat, ist heute nicht mehr bei uns vertreten."

Ihre Reaktion

Bleiben Sie cool und antworten Sie freundlich: „Ach, das ist ja interessant. Tut mir leid, am Preis kann ich leider nichts mehr machen, doch Ihren Einkaufschef wollte ich sowieso schon lange einmal kennenlernen."

Das Gegenteil behaupten

Diese Technik macht manche Verkäufer ganz verrückt. Sie versuchen, ihrem Kunden die Vorteile ihres Angebots bewusst zu machen. Beispielsweise sagen sie: „Wir verfügen über ein flächendeckendes Netz von Außendienstberatern, die Ihnen persönlich zur Verfügung stehen." Der Einkäufer entgegnet: „Und darin sehen Sie einen Vorteil für uns? Ich bestimmt nicht. Aber jetzt ist mir klar, weshalb Sie so teuer sind und Ihr Wettbewerber, der ohne Außendienst arbeitet, so günstig anbieten kann. Sie müssen ja Ihre ganzen Außendienstberater bezahlen. Dies halte ich bei dem angefragten Standardprodukt nun wirklich nicht für nötig. Ein Kupferrohr braucht uns, die wir seit über 50 Jahren in der Heizungsbranche tätig sind, nun wirklich niemand mehr erklären." Daraufhin besinnt sich der Verkäufer und bringt einen weiteren Vorteil seines Angebots zur Sprache. Und was macht der Einkäufer? Er behauptet schon wieder das Gegenteil.

Ihre Reaktion

Lassen Sie sich nicht verunsichern. Versuchen Sie bitte, dem Einkäufer keine weiteren Vorlagen zu geben, also keine weiteren Argumente zu nennen, die er ins Gegenteil umwandeln könnte. Stellen Sie lieber gezielte Fragen, wie z. B.: „Auf welche Aspekte legen Sie bei einem guten Lieferanten in diesem Fall besonderen Wert?" Dadurch entsteht im Idealfall ein sachlicher Dialog mit Ihrem Verhandlungspartner.

Das Motiv verwenden

Nicht nur für Verkäufer, sondern auch für Einkäufer ist es wichtig, das Motiv bzw. den Beweggrund des Verhandlungspartners zu erörtern und entsprechend damit zu arbeiten. Ein Beispiel hierzu:

Der Einkäufer erkennt, dass ihm ein relativ junger, hoch motivierter Verkäufer als Verhandlungspartner am Tisch gegenübersitzt. Der junge Außendienstmitarbeiter hat zwei Motive: Erstens möchte er sich beweisen und zeigen, dass er auch zu großen Taten fähig ist. Zweitens möchte er unbedingt mit einem Auftrag nach Hause kommen, da ihm sein Vertriebsleiter diesbezüglich Druck macht und er zudem gerade ein Einfamilienhaus gebaut hat.

Der clevere Einkäufer, der diese Motive erkennt, kann bewusst darauf eingehen, z. B. folgendermaßen:

Na, junger Mann, ich weiß ja, wie das in Ihrem Alter ist. Ich war ja schließlich auch mal jung. Früher hieß es noch im Vorstellungsgespräch: ‚Haben Sie gedient?' Heute heißt es: ‚Haben Sie gebaut?' Was ja bei Ihnen der Fall ist, nicht wahr? Also, da werden wir mal schauen, was ich für Sie tun kann, damit Ihr Vertriebsleiter auch davon begeistert ist, welch großen Fisch Sie an Land gezogen haben.

Dass der Verkäufer den Auftrag natürlich nur zu absolut unterirdischen Kampfpreisen bekommt, sagt der Einkäufer ihm nicht.

Ihre Reaktion

Sobald ein Verhandlungspartner Ihre persönliche Situation bzw. Ihr Hauptmotiv kennt, kann er Sie viel besser einschätzen und u. U. manipulieren. Achten Sie deshalb als Verkäufer darauf, besonders bei Erstkontakten mit neuen Kunden, nicht zu leutselig zu sein und zu viele Informationen über Ihre Person und Ihre Beweggründe preiszugeben. Warten Sie erst einmal ab und versuchen Sie, sich bitte zuerst ein Bild von der Person des Kunden und seinem genauen Bedarf zu machen.

Der wunde Punkt

Der Einkäufer sucht bereits im Vorfeld einer Verhandlung gezielt nach dem wunden Punkt eines Anbieters. Beispielsweise weiß er, dass der Anbieter – im Gegensatz zu seinem Wettbewerber – nicht über eine bestimmte Zertifizierung für den englischen Markt verfügt. Obwohl dies für ihn nicht relevant ist (was der Verkäufer nicht weiß) konfrontiert er den Anbieter mit einer direkten Frage nach der entsprechenden Zertifizierung. Er macht ihn also drastisch auf seinen wunden Punkt aufmerksam. Dem Anbieter bleibt nichts anderes übrig, als diesen vermeintlichen Nachteil zuzugeben. Oftmals meint der Einkäufer dann zum Lieferanten: „Na wenn Sie schon nicht über die entsprechende Zertifizierung verfügen, dann müssen Sie uns aber wenigstens deutlich beim Preis entgegenkommen."

Ihre Reaktion

Falls der Einkäufer Sie direkt auf Ihren wunden Punkt, in diesem Fall die fehlende Zertifizierung für den englischen Markt, anspricht, bringt es nichts, Ausreden zu erfinden. Geben Sie in diesem Fall offen zu, dass dieser Leistungsaspekt momentan noch nicht zutrifft. Versuchen Sie, sinnvolle Alternativen ins Spiel zu bringen oder intern zu klären, ob eine Erfüllung der gewünschten Forderung in Zukunft möglich wäre.

Drohung und Druck

Immer wieder setzen Einkäufer in harten Verhandlungen auch offensichtliche Drohungen ein, wie z. B.:

- „Ich frage Sie jetzt so lange nach einem Preisnachlass, bis Sie mir mindestens zehn Prozent geben. Vorher höre ich nicht auf, da können Sie sicher sein. Es sei denn, Sie sind grundsätzlich nicht mehr an einer Zusammenarbeit mit uns interessiert."
- „Ihnen ist doch wohl auch klar, dass Sie mit diesem Angebot bei uns nie durchkommen?!"
- „Also, wenn Sie mir nicht mit zehn Prozent entgegenkommen, dann bestelle ich eben bei Ihrem Wettbewerber! So, jetzt warten Sie mal, Ihr Konkurrent hat mir ja die vorbereitete Bestellung schon geschickt, dann fülle ich die jetzt gerade schon mal aus."
- „Wissen Sie eigentlich, dass Sie unser teuerster Lieferant sind? Wenn Sie mir dieses Mal nicht kräftig entgegenkommen, muss ich Sie aus der Hälfte der Marktfilialen ab ersten Januar auslisten. Ich habe hier eine klare Anweisung von unserem Vorstand. Verstehen Sie?"
- „Ihre Wettbewerber Müller und Schulze bieten mir beide zehn Prozent Nachlass an, das werden Sie ja dann wohl auch noch schaffen."
- **Unterstellung:** Der Einkäufer sagt zum Verkäufer: „Also, das hätte ich jetzt wirklich nicht von Ihnen erwartet, dass Sie mir solch ein unrealistisches Angebot vorlegen. Viel Erfahrung haben Sie, wenn man Ihr Angebot betrachtet, offensichtlich noch nicht. Sonst wüssten Sie, dass Sie mit solch einem Angebotspreis sowieso keine Chance haben und bei uns rausfliegen werden." Der Einkäufer wertet das Angebot des Verkäufers sofort negativ ab und versucht,

den Verkäufer durch das systematische Miesmachen der Offerte zu Zugeständnissen zu bewegen. Zudem unterstellt der Einkäufer dem Verkäufer einfach, dass er noch nicht viel Erfahrung habe, ohne dies inhaltlich zu begründen. Entscheidend ist es, diese Technik ohne jegliche Begründung durchzuführen, also einfach etwas zu behaupten, ohne den Grund dafür zu nennen. Dadurch kommen einige Verkäufer leicht in die Defensive und manchmal sogar ins Schleudern.

* **Konformitätsdruck:** Zusätzlich kann ein Profi im Einkauf den sog. Konformitätsdruck aufbauen, indem er behauptet, dass Ihre Wettbewerber ja schließlich auch in der Lage seien, ihm entsprechend entgegenzukommen. Dies ist eine psychologisch fundierte Methode. Die Psychologie lehrt uns: Ein Mensch möchte nun einmal lieber einer Gruppe angehören und das können, was die anderen auch können, statt isoliert als Einziger außerhalb eines Teams zu stehen, weil er etwas nicht kann.

* **Lächerlich machen:** Diese Methode funktioniert folgendermaßen: Der Einkäufer greift gezielt einen bestehenden oder fehlenden Aspekt Ihres Angebots heraus. Beispielsweise sagt er zum Anbieter von Elektrokabeln für Baustellen: „Wo finde ich eigentlich die Kabelbinder in Ihrem Angebot? Was – Sie finden sie auch nicht? Na, sagen Sie mal, Sie müssen doch wissen, dass meine Leute für die Verarbeitung dieser Kabel entsprechende Kabelbinder auf der Baustelle brauchen! Das ist ja lächerlich. Ihr Angebot können Sie in dieser Form vergessen. Sagen Sie mal, wie lange arbeiten Sie eigentlich schon in der Kabelbranche?" Sie sehen, der Einkäufer versucht den Verkäufer systematisch lächerlich bzw. unglaubwürdig zu machen.

Ihre Reaktion

Sie müssen nicht auf jede ungerechtfertigte Unterstellung ausführlich reagieren bzw. antworten. Bleiben Sie gelassen. Lächeln Sie und geben Sie, falls es Ihnen sinnvoll erscheint, eine kurze prägnante Antwort. Doch werden Sie nicht wütend, denn dann würden Sie dem Einkäufer nur einen Gefallen tun. Manche Verhandlungspartner brauchen Angriffe und Drohungen nur für ihr eigenes Ego.

Je wütender der Verkäufer darauf reagiert, umso angriffslustiger wird der Verhandlungsgegner. Sollte der Einkäufer wieder sachlich werden, nachdem er merkt, dass er Sie nicht in Rage versetzen kann, antworten Sie selbstverständlich auch dementsprechend. Denken Sie bitte daran: Der Hund bellt, doch die Karawane zieht weiter. Letztendlich kommt es nicht auf das Zurückbellen an, sondern auf das Erreichen Ihrer Verhandlungsziele.

Hamsterrad

Der Einkäufer gibt dem Lieferanten zu verstehen: „Ihr Angebot ist ja viel zu teuer. Es bringt auch nichts, dass Sie mir hier am Verhandlungstisch noch fünf Prozent zusätzlichen Nachlass anbieten. Was sind schon fünf Prozent? Es ergibt gar keinen Sinn, hier und heute weiterzuverhandeln. Fahren Sie am besten wieder zurück ins Büro, und reden Sie Ihrer Geschäftsleitung ins Gewissen. Sie müssen deutlich mit dem Preis nach unten, mindestens um einen vierstelligen Betrag."

Was passiert dann? Der Verkäufer kehrt zurück, redet mit seiner Geschäftsleitung und versucht nun händeringend, den Einkäufer telefonisch zu erreichen, um ihm einen deutlich besseren Preis anzubieten. Was macht der Einkäufer? Er sorgt dafür, dass er nicht zu sprechen ist. Seine Assistentin meint: „Heute ist er im Meeting, morgen auf der Messe, nächste Woche bei einem Lieferanten zum Audit."

Es kann durchaus – je nach Bedarfssituation – sein, dass Lieferanten so wochenlang weichgekocht werden. Bis dann, nach einigen Wochen, die Assistentin des Einkäufers den Verkäufer des Lieferanten anruft und meint: „Ich soll Ihnen einen schönen Gruß von unserem strategischen Einkäufer ausrichten und muss Ihnen leider mitteilen, dass aus dem Auftrag nichts wird." Daraufhin fragt der Verkäufer: „Wieso wird denn nichts aus dem Projekt?" Die Assistentin meint: „Na das können Sie sich ja denken, Sie sind einfach zu teuer." Der Verkäufer antwortet verzweifelt: „Haben Sie denn die Vertragsunterlagen schon an den Wettbewerber geschickt?" Die Gesprächspartnerin verneint. Der Verkäufer fragt: „Bis wie viel Uhr haben wir noch Zeit, unseren Preis nachzubessern?"

Sie merken, der Anbieter beginnt sich wie ein Hamster im Rad zu drehen und dem Einkäufer gelingt es, den Lieferanten wie eine Zitrone preislich auszuquetschen.

Ihre Reaktion

Wenn Sie merken, dass ein Einkäufer die Hamsterradmethode bei Ihnen anwendet, empfehle ich Ihnen v. a. eines: Bleiben Sie stur bei Ihren Preisvorstellungen – und zwar so lange, bis Ihnen der Einkäufer in irgendeiner Form entgegenkommt. Sie agieren nach dem Geben-und-Nehmen-Prinzip, d. h., der Einkäufer erhält nur einen besseren Preis, wenn er beispielsweise ein höheres Volumen abnimmt oder das erste Mal aus einer neuen Produktgruppe bestellt etc.

Infoköder

Der Einkäufer erwähnt – oft mitten im Gespräch – in einem Nebensatz ein bestimmtes Projekt, beispielsweise so: „Demnächst haben wir ja noch viel höhere Bedarfe, wenn erst die Chipproduktion startet." Der gute Verkäufer erkennt das Kundensignal, wittert (wie ein Jagdhund) fette Beute und fragt nach: „Um welchen Bedarf und welche Mengen im Ventilbereich geht es denn genau?"

Was er nicht weiß: Der Einkäufer hat diesen Infoköder bewusst ausgelegt, damit der Verkäufer anbeißt. Der gerissene Einkäufer weiß genau, dass er für den genannten Ventilbedarf nur schwer Lieferanten findet.

Das Ziel dieser Methode ist es, dem Lieferanten durch die beiläufige Erwähnung des Infoköders nicht offen und direkt zu zeigen, wie wichtig er für die Lieferung des schwer zu beschaffenden Bedarfs ist, und dadurch zu verhindern, dass ein Anbieter höhere Preise als normalerweise ansetzt, da er merkt, wie abhängig sein Kunde von ihm ist.

Ihre Reaktion

Bleiben Sie wachsam und achtsam: Nicht jede auf den ersten Blick tolle Chance ist auch wirklich eine gute Auftragsgelegenheit. Manchmal suchen Einkäufer nur einen Dummen, der sich sofort naiv auf eine Zusammenarbeit einlässt. Es lohnt sich in jedem Fall, nicht gleich enorme

Zeit- und Energieressourcen in die Ausarbeitung von Angeboten, kosten-
losen Mustern und Prototypen zu investieren, bevor der Infoköder Ihres
Verhandlungspartners nicht exakt hinterfragt wurde. Vielleicht stellen Sie nach Ihrer sorgfältigen Erstanalyse fest, dass das vom Einkäufer
angesprochene Projekt für Sie nur viel Aufwand, jedoch keinerlei Ertrag
bedeuten würde.

Mehrraumverhandlungen

Mehrraumverhandlungen werden häufig bei größeren Bedarfen von
professionellen Einkäufern organisiert.

Dabei verhandelt der Einkäufer mit mehreren Lieferanten gleichzeitig, die in verschiedenen Räumen persönlich anwesend sind. Er sagt
zu Anbieter X: „Sie sind immer noch 20 % teurer als Ihr Wettbewerber.
Wenn Sie mir nicht entsprechend entgegenkommen, kaufe ich bei
Ihrem Wettbewerber, der gleich im Nebenraum sitzt." Das Gleiche teilt
er Anbieter Y und Z mit. So treibt er die Preise möglichst weit nach
unten und entscheidet sich dann für das günstigste Angebot.

Eine Variante davon ist die offene multiple Verhandlung, bei der sich
der Einkäufer mit mehreren Lieferanten in einem Raum befindet, die
die Angebotspräsentationen ihrer Wettbewerber miterleben und dann,
vor den Augen der Konkurrenten, preislich gegeneinander ausgespielt
werden.

Ihre Reaktion

Letztendlich können Sie bei Mehrraumverhandlungen als Anbieter
nur eine ganz klare Preisuntergrenze bei entsprechend vorgegebener
Leistung definieren und sie auf keinen Fall unterschreiten. Es sei denn,
die Leistungsparameter bzw. das Auftragsvolumen sind zu Ihren Gunsten
veränderbar. Wichtig finde ich auch, die Angebotspräsentationen
Ihrer Wettbewerber zu analysieren und gegebenenfalls Chancen zur
Verbesserung der eigenen Offerten daraus abzuleiten.

Nicht realisierbare Anfragen

Dieses Vorgehen dient dazu, den Lieferanten zuerst zuversichtlich zu
stimmen.

Der Anbieter freut sich im ersten Moment und denkt sich: „Hurra, wir haben eine Anfrage über ein großes Projekt erhalten." Wenn er dann aber das Angebot ausarbeitet, stellt der Lieferant nach und nach fest, dass er den im Pflichtenheft genannten Vorgaben des Einkäufers nicht entsprechen kann. Das muss er dem Einkäufer schlussendlich frustriert mitteilen. Dieser entgegnet daraufhin: „Sie haben mir doch erzählt, wie leistungsfähig Sie sind, und nun können Sie schon unsere erste Anfrage nicht erfüllen."

Dies führt oftmals dazu, dass der Lieferant sich verunsichert fühlt und sich, hinsichtlich des Preises, bei der nächsten Anfrage noch mehr anstrengt, um wenigstens einmal einen Auftrag zu erhalten.

Ihre Reaktion

Es ist wichtig, nicht realisierbare Anfragen rechtzeitig, bevor viel interner Arbeitsaufwand Ihrerseits entsteht, zu identifizieren und gegebenenfalls dem Einkäufer zu signalisieren, dass man die Anfrage nicht bzw. nur teilweise erfüllen kann.

Rotationsverfahren

Bewusst wird darauf Wert gelegt, insbesondere bei großen Unternehmen, keine zu starken persönlichen Bindungen zwischen Einkäufern und Lieferanten entstehen zu lassen.

Deshalb setzt man auf das Rotationsprinzip. Dieses sieht beispielsweise vor, dass Einkäufer nach spätestens zwei Jahren regelmäßig in andere Abteilungen wechseln. Sie als Lieferant haben plötzlich einen fremden bzw. neuen Ansprechpartner im Einkauf, auf den Sie sich ganz neu einstellen müssen und der meist zum Einstieg gleich einmal Extranachlässe fordert, die ihm manche Verkäufer leider auch gewähren – schon allein, um die Beziehung nicht gleich am Anfang zu gefährden.

Ihre Reaktion

Bleiben Sie zu Beginn eines neuen Kontakts zu einem Einkäufer erst einmal abwartend und gewähren Sie bitte keine spontanen zusätzlichen Nachlässe. Sie haben häufig die Möglichkeit, sich erst einmal etwas Bedenkzeit zu erbitten und sich vom Verhandlungstisch zurückzuziehen. Übrigens halte ich es für einen Fehler mancher Verkäufer, den Kontakt zu wechselnden Einkäufern nicht weiterhin zu pflegen. Auch wenn der Einkäufer nun für einen neuen, momentan für den Verkäufer nicht relevanten Produktbereich zuständig ist, lohnt es sich, den Kontakt trotzdem aufrechtzuerhalten. Denn man begegnet sich im Leben bekanntlich immer zweimal.

Schweigen und abwenden

Der Einkäufer antwortet einfach nicht auf die Alternativvorschläge des Verkäufers, er blickt teilnahmslos aus dem Fenster des Verhandlungsraums.

Einfach zu schweigen kann ein sehr effizientes Mittel sein, um Verkäufer zu verunsichern. Einige Vertriebsmitarbeiter halten den Schweigedruck leider nicht lange aus und beginnen wieder zu reden – hoffentlich nicht von einem höheren Preisnachlass.

Ihre Reaktion

Versuchen Sie, die Aufmerksamkeit Ihres Gesprächspartners zu gewinnen, indem Sie beispielsweise ein Muster oder einen Videofilm über Ihr Unternehmen zeigen. Stellen Sie bitte direkte offene Fragen an Ihren Kunden. Wenn dies alles nichts nützt und der Einkäufer sich am Gespräch überhaupt nicht beteiligt, schlagen Sie vor, das Gespräch an einem anderen Termin fortzusetzen. Ihre eingesetzte Zeit ist schließlich auch wertvoll. Spätestens wenn Sie von Ihrem Besprechungsstuhl aufstehen, wird der Einkäufer hoffentlich reagieren.

Transfer in die Praxis

Es gibt keine Pauschallösungen, um auf die cleveren Methoden der Einkäufer zu reagieren. Um Ihre individuelle Reaktion auf die Verhandlungsmethoden der Einkäufer zu erarbeiten, empfehle ich Ihnen Folgendes:

- Führen Sie ein Brainstorming im Kreis Ihrer Vertriebsmitarbeiter durch, um mögliche, für Ihre Branche geeignete Antworten zu sammeln.
- Egal, welche Verhandlungstechnik ein Einkäufer anwendet, lassen Sie sich dadurch bitte nicht verunsichern, denn genau das möchte Ihr Verhandlungspartner erreichen. Bleiben Sie ruhig und gelassen.
- Machen Sie sich vor einer Verhandlung bitte bewusst, was im schlimmsten Fall passieren könnte, wenn Sie an Ihrer (vorab klar definierten) Preisvorstellung eisern festhalten, sofern der Einkäufer auf keine Ihrer vorgeschlagenen Leistungsalternativen eingeht. Der Einkäufer mag zwar im ersten Augenblick entrüstet darüber sein, dass Sie ihm keinen weiteren Nachlass mehr gewähren, und die Verhandlung deshalb höflich unterbrechen. Er meldet sich aber im Idealfall nach ein paar Tagen wieder, um doch mit Ihnen, zu Ihren Konditionen, ins Geschäft zu kommen. Oder Sie hören nichts mehr von ihm und Sie können trotzdem nochmals das Gespräch mit ihm suchen. Im Extremfall verlieren Sie vielleicht dieses Mal einen Einzelauftrag, mit dem Sie sowieso nur ein dickes Minus eingefahren hätten. Stattdessen können Sie jedoch Ihre Zeit sinnvoll investieren und gewinnen dadurch einen lukrativen Auftrag, entweder vom selben Kunden, da er letztendlich doch Ihre Preisvorstellungen akzeptiert, oder von einem anderen Interessenten. Die Kunst ist eben nicht nur, etwas zu verkaufen, sondern auch, etwas daran zu verdienen.
- Harte Einkäufer nehmen Sie als Anbieter nur ernst, wenn sie spüren, dass Sie nicht alles mit sich machen lassen und dem Einkäufer, auch körpersprachlich, mit verschränkten Armen und enttäuschtem Gesicht, klar signalisieren, dass das Ende der Fahnenstange erreicht ist. Nach dem Motto: bis hierhin und nicht weiter.
- Besuchen Sie doch einmal ein professionelles Seminar zum Umgang mit Einkäufern, das auch praktische Übungen enthält.
- Lassen Sie die Anregungen zur preiscleveren Kommunikation in Kap. 8 bitte in Ihre Überlegungen mit einfließen!

2

Wie denken moderne Einkäufer?

Was Sie aus diesem Kapitel mitnehmen

In diesem Kapitel erfahren Sie mehr darüber, wie moderne Einkäufer denken, welche Ziele sie verfolgen und wie sie bei der Auswahl und dem Management ihrer Lieferanten sowie der Klassifizierung der zu beschaffenden Güter bzw. Leistungen vorgehen.

2.1 Einkäufer verhandeln global und digital

„**Wir kaufen heute global und digital ein.**"

Diese Aussage stammt von einem erfahrenen Einkäufer bzw. Central Procurement Officer (CPO), der weltweit für den Einkauf technischer Komponenten zuständig ist.

Die Zeiten haben sich grundlegend geändert. Die Digitalisierung wirbelt ganze Branchen, Unternehmen und Abteilungen durcheinander. Selbstverständlich ändern sich dadurch auch die Rollen und das Selbstverständnis traditioneller Ein- und Verkäufer.

© Springer Fachmedien Wiesbaden GmbH, ein Teil von Springer Nature 2018
C. Kober, *Die Verhandlungsmethoden der Einkäufer*,
https://doi.org/10.1007/978-3-658-22548-3_2

> Moderne, erfolgreiche Einkäufer nehmen heute mehrere Herausforderungen gleichzeitig an: Sie sind Strategen, Digitalexperten, Controlling-Spezialisten und mehrsprachige Verhandlungskünstler zugleich.

Zudem müssen Einkäufer sich heute noch mehr als früher weiterbilden, sowohl auf der Angebots- als auch auf der Marktseite. Die zunehmende Digitalisierung und Automatisierung der Beschaffung, aber auch Themen wie Einkauf 4.0, Big Data und der permanente Innovations- und Veränderungsdruck sorgen dafür, dass Einkäufer stets am Ball bleiben müssen.

Die Aufgaben moderner Einkäufer
Durch die zunehmende Globalisierung und Digitalisierung kommen zu den traditionellen Aufgaben der Einkäufer noch weitere Anforderungen im weltweiten, elektronischen Procurement hinzu.

Moderne Beschaffer sind nicht nur Einkäufer, sondern auch versierte Kommunikatoren und IT-Profis, die weltweit und frühzeitig potenzielle Risiken innerhalb der Supply Chain identifizieren und gemeinsam mit Lieferanten und Kunden nach neuen Chancen suchen.

Dominierte früher noch das Papier als Medium, wird heute häufig online verhandelt. Galt früher das Motto „Die besten Geschäfte laufen über die Leber… und dies persönlich und vor Ort", so wird heute zunehmend auch digital kommuniziert. Kam Ihr stärkster Wettbewerber früher aus demselben Land wie Sie, ist er heute oftmals in Fernost ansässig. Denn Schanghai ist im digitalen Zeitalter gleich nebenan.

Eine Online-Verhandlung kennt keine Grenzen und schafft weltweite Transparenz. Ob ein Unternehmen einen Auftrag erhält oder nicht, hängt wesentlich vom Kommunikationsgeschick der Geschäftsführer und Vertriebsmitarbeiter ab. Denn wenn ein Angebot in die engere Wahl gekommen ist, müssen Preise und Angebote überzeugend präsentiert und kommuniziert werden. Umso mehr gilt dies bei bestehenden Kunden, die Anfragen direkt, ohne Zwischenschaltung einer Einkaufsbörse, bei Ihnen anfragen.

Einkäufer stellen sich heute beispielsweise folgende Fragen:

- Wie können wir Auditergebnisse für Verhandlungen preismindernd bzw. zur Steigerung der Wirtschaftlichkeit einsetzen?
- Wie gelingt es uns, einen möglichst reibungslosen elektronischen Austausch mit unseren Stammlieferanten zu gewährleisten?
- Wie profitieren wir möglichst rasch von Neuentwicklungen unserer Lieferanten und wie können wir in Anbetracht der immer kürzer werdenden Innovationszyklen erfolgreich bestehen?
- Wie ermuntern wir unsere strategisch wichtigen Lieferanten, Innovationen systematisch und regelmäßig zu entwickeln und uns exklusiv vorzuschlagen?
- Wie können wir Risiken in der Supply Chain möglichst schnell erkennen und uns gegebenenfalls, z. B. über entsprechende Hedge-Vereinbarungen, absichern?
- Wie haben wir organisatorische Risiken bei unseren Lieferanten analysiert, beispielsweise die Regelung der Stellvertretung beim eventuellen Ausfall strategisch wichtiger Ansprechpartner bei unseren Providern?
- Welche Rolle spielen Währungs- und Rohstoffrisiken sowie Sozial- und Umweltaspekte?
- Ab welchen Bedarfsmengen ergeben sich interessante Skaleneffekte für uns?
- Wie leistungsfähig und preiswert ist ein Anbieter im Vergleich zu seinen Wettbewerbern?
- Lohnt sich die Vergabe eines Teils unserer Aufträge ins außereuropäische Ausland, z. B. nach Asien?
- Ist der zu vergebende Bedarf für eine elektronische Ausschreibung geeignet?
- Welche Erwartungen haben unsere Kunden, unsere Marketingabteilung, unsere strategisch wertvollen Lieferanten, unsere Qualitätsmanagementabteilung und unsere Markenverantwortlichen an uns?
- Wie können wir den Trend zur Individualisierung und Digitalisierung unserer Angebote im Einkauf erfolgreich nutzen?

- Wie gelingt es uns, das Efficient-Consumer-Response-Konzept gemeinsam mit Kollegen aus anderen Abteilungen umzusetzen?

> Beim Efficient-Consumer-Response-Konzept handelt es sich um eine Methode zur Kooperation zwischen Herstellern und Händlern, mit dem Ziel, möglichst wirtschaftlich zur Optimierung des Kundennutzens und der Zufriedenheit der Abnehmer zusammenzuarbeiten.

2.2 Ziele von Einkäufern

Eine wichtige Frage, die wir uns stellen sollten, um die Welt der Einkäufer besser zu verstehen, ist die Frage nach den Zielen, die Einkaufsprofis im E-Procurement bzw. E-Supplier-Relationship-Management (E-SRM) grundsätzlich verfolgen.

Grundsätzlich möchte der Einkäufer natürlich auch bei der elektronischen Beschaffung die Einkaufskosten durch verschiedene Maßnahmen senken und die Prozesse möglichst effizient gestalten. Einkaufsprofis streben danach, Risiken zu minimieren und dadurch Sicherheit und Transparenz zu erhöhen. Dazu wenden sie u. a. folgende Maßnahmen an:

Maßnahmen zur Analyse und Optimierung

- Verstärkte Digitalisierung der Einkaufsprozesse
- Zugriff und Verfügbarkeit der benötigten Einkaufsdaten ohne Medienbrüche sicherstellen; also möglichst einheitliche Nutzung derselben elektronischen Angebots- bzw. Beschaffungsplattformen auf der Kunden- und Lieferantenseite
- Zentrale Erstellung einer Übersicht über alle unternehmensweiten Bedarfe
- Optimierung der Bestellplanung hinsichtlich saisonaler Auftragseingangsspitzen bzw. -rückgänge
- Bestellvolumina und Abstimmungszeiten u. a. durch die Bündelung von Bestellungen und die Erstellung möglichst präziser Bedarfsprognosen verkürzen

- Regelmäßiges Aktualisieren der Lieferantenstammdaten aus dem Produkt-, Leistungs- sowie Preis- und Konditionenbereich
- Bewusstsein für den großen Nutzen eines zentralen Einkaufs bei Fachabteilungen aufbauen
- Einkaufsziele mit den Kollegen aus den einzelnen Unternehmensbereichen wie Produktion, Verwaltung, Marketing etc. schriftlich vereinbaren
- Einsatz moderner Einkaufskonzepte (wie z. B. der Total-Cost-of-Ownership-Analyse, des „advanced purchasing" und des Zielkostenverfahrens, die in Kap. 4 noch näher erläutert werden)
- Verkürzung der Prozesszeiten
- Einsparen von Lagerkapazität
- Analyse der eigenen Angebots- bzw. Bedarfsstruktur hinsichtlich Breite und Tiefe, gegebenenfalls in Abstimmung mit dem Produktmanagement und der Geschäftsleitung
- Eventuell Bereinigung der Produkt- bzw. Leistungspalette, um höhere Bestellmengen pro Produkt- bzw. Leistungsgruppe zu erzielen
- Analyse der Liefer- bzw. Transportwege und -zeiten, der Lieferrhythmen sowie der Lager- und Fuhrparkkosten und -zeiten, um die Logistikkosten zu optimieren
- Reduzierung und Messung von Fehler- und Reklamationsquoten
- Frühzeitiges Einbinden des Einkaufs bei Bedarfsfällen in den Fachabteilungen
- Betrachtung der Lebenszykluskosten („life cycle costs")
- Reduzierung der Betriebs- und Servicekosten
- Vermeidung kurzfristiger, spontaner Bestellungen
- Vereinfachung des Bestellwesens und Reduzierung der Beschaffungszeiten
- Regelmäßiges Durchführen externer Benchmarking-Vergleiche unter Einbezug von Topunternehmen aus der jeweiligen Branche und u. U. aus branchenfremden Sektoren (wenn beispielsweise effiziente Verfahren aus der Luftfahrt auf die Produktion bzw. den Einkauf von Maschinen übertragen werden können)
- Kontrolle wichtiger Kennzahlen im Einkauf (wie z. B. die Auswertung der Einkaufskosten in Bezug auf das Einkaufsvolumen, der Kosten pro Bestellung, der Termintreue, der Zahlungsfristen und Fehlerquoten etc.)

Maßnahmen, die u. a. das Lieferantenmanagement betreffen

- Finden geeigneter Kooperationspartner zum gemeinsamen Einkauf
- Identifizierung und gegebenenfalls Ausbau der Beziehungen zu strategischen Potenziallieferanten
- Maßnahmen zur Erzielung einer Materialersparnis bzw. -änderung ergreifen
- Bessere Zahlungsbedingungen und Konditionen aushandeln
- Niedrigere Liefer- und Transportkosten vereinbaren
- Sicherung der Exklusivität von Produkten und Vertriebsrechten
- Analyse und Optimierung der Verträge mit Lieferanten in Abstimmung mit der Rechtsabteilung
- Aufbau eines Frühwarnsystems innerhalb des Lieferantenmanagements, um frühzeitig Beschaffungsrisiken zu erkennen
- Auslagerung bisheriger In-house-Leistungen zu Lieferanten
- Aktiver Einsatz von Datenbanken bzw. Online-Quellen zur Informationsbeschaffung über potenzielle und bestehende Lieferanten (diese nehmen einen immer höheren Stellenwert in modernen Einkaufsorganisationen ein)
- Erstellen detaillierter Pflichtenhefte, die die Zusammenarbeit mit einem Lieferanten und gegebenenfalls die einzelnen Produktanforderungen beschreiben, um die Zusammenarbeit mit ihm möglichst reibungslos zu gestalten (z. B. Ziele, eingesetzte Mittel, Beschreibung des anstehenden Projekts bzw. der benötigten Produkte in qualitativer und quantitativer Form, genaue Aufgabendefinition, Projekt- und Aufgabenplan mit Zeitangaben, erwarteten Ergebnissen etc.)
- Regelmäßiges Durchführen von Lieferantenbewertungen und Audits
- Aktives Einfordern von Ideen zur Kostenoptimierung und Steigerung der effizienten Zusammenarbeit mit den Stammlieferanten
- Vermeiden von Direktbestellungen der einzelnen Fachabteilungen ohne frühzeitige Beteiligung des Einkaufs
- Regelmäßiges Versenden von Preisreduktionsschreiben an bestehende Lieferanten
- Auffordern des Lieferanten zur Abgabe einer gläsernen Kalkulation bzw. einer Cost-Breakdown-Analyse (Abschn. 4.1.7)

- Vermeiden einer zu starken Bindung an bzw. Abhängigkeit von einem Lieferanten
- Vermeiden des mehrfachen Verhandelns mehrerer Ansprechpartner des eigenen Unternehmens mit demselben Lieferanten
- Optimierung der eigenen Verhandlungs- und Kommunikationsmethodik für Lieferantengespräche
- Kontinuierliche Auswertung der Preisentwicklung in den verschiedenen Bezugsmärkten
- Zusammenarbeit mit Einkaufsgemeinschaften in Bereichen, in denen es sinnvoll erscheint
- Direktauslieferung von Produkten bzw. Leistungen vom Lieferanten an den Kunden
- Komplettvergabe der Beschaffung von C-Teilen, also Artikeln mit einem geringen Einkaufsvolumen und einem großen Beschaffungsaufwand, an externe Dienstleister
- Reichweite zur Ansprache potenzieller Lieferanten erhöhen
- Vermeiden einer zu hohen Anzahl an Lieferanten; im industriellen Bereich verzeichnet man häufig eher die Tendenz zur Lieferantenkonzentration und zur intensiven Partnerschaft mit einigen wenigen Systemlieferanten
- Beenden von Lieferantenbeziehungen, die zu teuer sind, mit denen die Fachabteilungen jedoch seit Jahren ein persönliches, gutes Verhältnis pflegen

2.3 Checkliste eines Einkäufers zur Vorbereitung

„Wir machen nicht bei jedem Lieferanten den gleichen Verhandlungsdruck, sondern variieren diesen, je nach Situation des Lieferanten."
Erfahrene Einkäufer bauen – wie gute Verkäufer auch – nicht bei jedem Verhandlungspartner den gleichen Verhandlungsdruck auf. Sie bereiten sich häufig mithilfe einer Checkliste vor. Wie groß der Druck auf den Verhandlungspartner ausfällt, hängt von unterschiedlichen

Faktoren ab. Um sich auf ein Lieferantengespräch vorzubereiten, stellen sich Einkäufer u. a. folgende Fragen im Vorfeld einer Verhandlung:

- Ist ein geeigneter Alternativlieferant vorhanden?
- Wie hoch ist die Anzahl der Lieferanten in diesem Bereich?
- Wie gestaltet sich die Situation in der Branche bzw. dem Markt des Lieferanten?
- Wie abhängig ist der Lieferant derzeit von uns?
- Wie ist das Verhältnis seines Gesamtumsatzes zum Umsatz mit uns?
- Wie stark sind seine Kapazitäten derzeit ausgelastet?
- Wie sieht die finanzielle Situation des Lieferanten aus?
- Wie dramatisch wäre der Verlust für ihn, wenn wir uns von ihm trennen würden?
- Wie gestaltet sich seine momentane und zukünftige Umsatzentwicklung und -verteilung?
- Wie ist es um die Zukunftsfähigkeit des Lieferanten bestellt?
- Drohen Vertragsstrafen bei einem Ausstieg?

Ergänzend fordern die meisten Einkäufer größerer Unternehmen sog. Lieferantenselbstauskünfte an. Ziel der Selbstauskunft ist es, bereits im Vorfeld die Anzahl der infrage kommenden Lieferanten einzugrenzen, indem bestimmte erforderliche Leistungsaspekte abgefragt werden. Der Lieferantenfragebogen wird häufig bereits auf der firmeneigenen Website potenziellen neuen Lieferanten zur Verfügung gestellt. Dabei werden beispielsweise folgende Aspekte abgefragt:

- Kontaktdaten
- Geschäftsführung
- Website
- Standorte
- Unternehmensbeteiligungen
- Mitarbeiteranzahl in den einzelnen Abteilungen (Fertigung, Vertrieb etc.)
- Externe Partner, mit denen der Lieferant zusammenarbeitet
- Code of Conduct (Sammlung freiwillig auferlegter Verhaltensregeln)
- Angaben zum Qualitäts-, Umwelt- und Sicherheitsmanagement

- Einblick in das Organigramm des Lieferanten (um u. a. beurteilen zu können, ob bei den entscheidenden Ansprechpartnern auch die Stellvertretung im Krankheitsfall o. Ä. geregelt ist)
- Informationen zu verwendeten Softwareprogrammen in Logistik, Rechnungslegung etc.
- Umsätze in der Vergangenheit und zukünftige Umsatzerwartungen
- Erfahrungen und Referenzen in bestimmten Branchen
- Angaben zur Kundenstruktur
- Garantie- und Gewährleistungsfristen
- Angaben zu eingesetzten Produktionsverfahren und -kapazitäten sowie zu den zur Produktion genutzten Maschinen und Werkzeugen
- Fragen zur Organisation der Zusammenarbeit, z. B. Durchführung von Vendor-Managed-Inventory(VMI)-Maßnahmen – hierunter versteht man die Auslagerung der Bestands- bzw. Lagerverwaltung auf den Lieferanten
- Einsatz spezifischer elektronischer Verfahren (XML- bzw. EDI-Verfahren etc.)
- Informationen zu vorhandenen Zertifizierungen, gegebenenfalls Abfrage der REACH-Aspekte (REACH ist die europäische Chemikalienverordnung zur Registrierung, Bewertung, Zulassung und Beschränkung chemischer Stoffe)
- Versicherungsaspekte, z. B. im Schadens- bzw. Rückruffall
- Gegebenenfalls Fragen zu bestimmten im Ausland relevanten Sachverhalten, beispielsweise der Absicherung gegen erhöhte Produkthaftungsrisiken in den USA

Selbstverständlich wird der moderne Einkäufer die Lieferantenselbstauskunft gegebenenfalls durch weitere externe Quellen – beispielsweise durch Daten von Creditreform oder von Bürgel bzw. von der bfai (Bundesagentur für Außenwirtschaft) – ergänzen.

Woran werden Einkäufer gemessen?
Um Einkäufer und ihre Vorgehensweise besser verstehen zu können, ist es wichtig zu wissen, woran sie gemessen werden. Denn nur wenn Ihnen dies bekannt ist, können Sie die Messgrößen, an denen sich ein Einkäufer orientiert, mit in Ihre Überlegungen zur Vorbereitung Ihrer

Preisverhandlung einfließen lassen. Folgende Kriterien zählen beispielsweise dazu:

- Materialkostensenkung
- Lieferantenanzahl
- Anzahl der Produkt- bzw. Leistungsbereiche
- Einkaufsvolumen
- Einkaufsquote (Einkaufsvolumen in Relation zum Umsatz)
- Durchschnittlich erzielte Preisnachlässe
- Mitarbeiteranzahl im Einkauf im Vergleich zur Gesamtanzahl
- Quote der Lieferverzögerungen
- Länge der Zahlungsbedingungen
- Anzahl der Ausschreibungen und Rahmenverträge
- Kosten pro Bestellvorgang
- Durchschnittszeiten pro Bestellvorgang
- Aktives Einbinden der Ansprechpartner, die im eigenen Unternehmen Hauptbedarfsträger sind (also die größten Einkaufsvolumina verursachen)
- Analyse der Wertschöpfungskette (wie hoch ist der Eigenfertigungs- bzw. Fremdvergabeanteil?)
- Höhe der Low-Cost-Country(LCC)-Quote, also der Beschaffungsanteil von Waren bzw. Leistungen aus Low-Cost-Ländern

2.4   Lieferantenauswahl und -management

Strategische Einkäufer sind für das sog. strategische Sourcing bzw. für die übergreifende strategische Einkaufs- und teilweise auch die Logistikkonzeption sowie für das Einkaufsprozess- und Lieferantenmanagement zuständig.

Dabei gehen strategische Einkäufer innerhalb des E-Supplier-Relationship-Management (E-SRM) grundsätzlich in folgenden fünf Schritten vor:

1. Auswahl
2. Bewertung

3. Klassifizierung
4. Entwicklung
5. Aussonderung

Nachdem potenziell infrage kommende Lieferanten ausgewählt wurden, werden die verbleibenden Kandidaten hinsichtlich ihrer Leistungsfähigkeit bewertet. Dazu erstellen Einkäufer meist ein Lieferantenprofil.

Die Abb. 2.1 zeigt beispielhaft, wie ein solches Profil aussehen kann. Die Daten zur Erstellung des Lieferantenprofils bezieht der Einkäufer aus unterschiedlichen Quellen: Dazu zählen externe Auskünfte, wie z. B. der Creditreform-Bonitätsindex oder Berichte zur Gewinnung von Benchmarking-Daten aus der jeweiligen Branche, z. B. von Gruner & Jahr oder von Geldinstituten wie Sparkassen und Volksbanken, von Handwerkskammern, der Europäischen Union, dem Statistischen

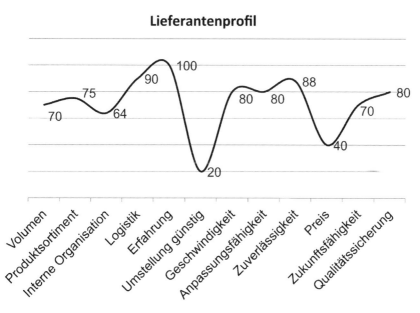

Lieferantenprofil

Abb. 2.1   Lieferantenprofil. (Quelle: Eigene Darstellung)

Beispiel zur Lieferantenklassifizierung

Durchschnittliche oder gewichtete Punktzahl	Klasse
90 - 100	TOP
70 - 90	MEDI
50 - 70	AP

Abb. 2.2 Lieferantenklassifizierung. *TOP* beste Lieferanten; *MEDI* mittelmäßige Lieferanten; *AP* Lieferanten mit eher unterdurchschnittlichen Leistungen. (Quelle: Eigene Darstellung)

Bundesamt, Branchenverbänden oder dem Weltwirtschaftsarchiv in Hamburg.

Aber auch interne Auskünfte bzw. Selbstauskünfte der Anbieter und Erkenntnisse aus Pre-Audits, die vor der Auftragsvergabe direkt beim Lieferanten durchgeführt werden, helfen bei der Erstellung eines Lieferantenprofils. Nach der Auswertung der Daten erstellen Einkäufer dann häufig sog. Lieferantenklassifizierungen. Ein Beispiel finden Sie in Abb. 2.2.

Wer mit einer TOP-Klassifizierung ausgezeichnet wird, zählt zu den besten Lieferanten. MEDI steht für mittelmäßige und AP (Abkürzung für „approved partner") für geprüfte Lieferanten mit eher unterdurchschnittlichen Leistungen.

Für die Vertriebsmitarbeiter und Key Account Manager der Lieferanten wird es zunehmend wichtig, aktiv die Bewertungskriterien der zuständigen Einkäufer zu erfragen und sich daran zu orientieren. Auch wenn Sie einmal einen Auftrag nicht erhalten haben, fragen Sie den Einkäufer, woran es lag.

Bitten Sie darum, Einsicht in Ihre Lieferantenprofile und -bewertungen zu erhalten, damit Sie die Leistungen Ihres Unternehmens in Zukunft kontinuierlich verbessern können.

2.5 Lieferantenentwicklung

Häufig wird bei der sog. Lieferantenentwicklung zuerst ein Pre-Audit, also ein Besuch vor Ort beim Lieferanten zur Analyse der eingesetzten Produktionsverfahren bzw. zur Sicherstellung der Einhaltung bestimmter Qualitätskriterien, spezieller Anforderungen und Ziele, durchgeführt.

Beispielsweise wurde im Rahmen eines Entwicklungsaudits ein produzierendes Unternehmen aus der Metallverarbeitung von Qualitätsmanagement-, Einkaufs- und Fertigungsspezialisten auf Herz und Nieren geprüft. Danach wurde der Lieferant dazu aufgefordert, verschiedene Maßnahmen zur Qualitätsoptimierung bzw. Kostensenkung einzuleiten. Ihm wurde nahegelegt, eine komplette CNC-Bearbeitungsstation auszumustern und durch ein neueres, innovativeres System zu ersetzen. Dies bedeutete eine sehr hohe Investition für den Anbieter. Zusätzlich hieß es, die Low-Cost-Country(LCC)-Quote seiner Produktion sei zu niedrig. Der Lieferant produziere zu viel in Deutschland und zu wenig in Niedriglohnländern. Das führte dazu, dass der Produzent ein zusätzliches Werk im Ausland errichtete, um den Vorgaben des Konzerns zu entsprechen und weiterhin als Stammlieferant im Rennen bleiben zu können.

Lieferantenaudits zum Ausbau und zur Weiterentwicklung der Partnerschaft zwischen Kunde und Zulieferer können durchaus für beide Seiten vorteilhaft sein. Beispielsweise kann es sein, dass bei sehr guten Auditergebnissen die Zusammenarbeit mit einem Lieferanten gezielt weiter unterstützt und ausgebaut wird. Ein Konzern könnte den Lieferanten als strategisch wichtigen Anbieter bewerten und ihn auch zur Belieferung weiterer (weltweit verteilter) Standorte des Großunternehmens empfehlen. Zusätzlich könnte der Einkäufer dem bisherigen Lieferanten bei sehr guten Auditergebnissen Einkaufskonditionen von anderen Vorlieferanten gewähren bzw. vermitteln, die der Supplier allein nicht erhalten würde.

2.6   Klassifizierung der Beschaffungsbedarfe

Häufig wenden Einkäufer aus Industrie bzw. Handel zur Analyse und Einteilung der benötigten Bedarfe eine Kategorisierung an. Im folgenden Beispiel unterscheidet ein Einkäufer fünf Bereiche zur Beschaffung der benötigten Produkte bzw. Leistungen:

Chancenbedarf

- Hoher Einkaufswert und niedriges Beschaffungsrisiko
- Gute Chancen, einen hohen Verhandlungsdruck aufzubauen
- Aufgrund des hohen Einkaufswerts wirken sich erzielte Nachlässe stark aus
- Gute Verfügbarkeit bzw. leichte Erhältlichkeit am Markt
- In der Regel kurze Lieferzeiten
- Verhandeln mit Lieferanten über Preisreduzierungen ist empfehlenswert, da Anbieter in diesem Bereich leicht austauschbar sind

Schlüsselbedarf

- Hoher Einkaufswert bei hohem Beschaffungsrisiko
- Gelten als erfolgsentscheidende Produkte bzw. Leistungen für die einkaufende Unternehmung
- Eher geringe Anzahl infrage kommender Lieferanten
- Gezielte Auswahl und Pflege geeigneter Lieferanten ratsam (Tipp: mittel- oder langfristige Untersuchungen über die Beschaffungs-, Preis- und Liefersituation vornehmen und die regelmäßige Verfügbarkeit zu möglichst günstigen Einkaufspreisen sicherstellen)

Austauschbarer Bedarf

- Niedriger Einkaufswert und niedriges Einkaufsrisiko
- Eventuell Einsatz externer Einkaufsagenturen
- Vereinfachung von Bestellprozessen

Schwer zu beschaffender Bedarf

* Niedriger Einkaufswert bei hohem Versorgungsrisiko
* Weltweite Recherche erforderlich
* Sicherstellung der Versorgung
* Alternativlieferanten in der Hinterhand halten, falls ein Engpasslieferant ausfällt
* Regelmäßige Abstimmung und Analyse der Marktsituation
* Keinen (zu) hohen Verhandlungsdruck aufbauen, da sonst der Verlust des Lieferanten möglich ist

Selbstproduzierter Bedarf

* Güter bzw. Leistungen, die im eigenen Hause produziert werden
* Erstellung von Make-or-Buy-Analysen zum Vergleich der Kosten bei eigener Herstellung im Vergleich zur Auslagerung an externe Lieferanten
* Häufig große strategische Bedeutung der selbstproduzierten Bedarfe
* Gehören zum Kerngeschäft des Unternehmens und werden teilweise, auch aus Gründen des Know-how-Schutzes, nicht ausgelagert

Transfer in die Praxis

* Wissen Sie, in welche Bedarfskategorien Einkäufer Ihre angebotenen Waren bzw. Leistungen einordnen?
* Haben Sie aktiv nach den Bewertungskriterien der Einkäufer, mit denen Sie zusammenarbeiten, gefragt, um daraus Verbesserungschancen für die Zukunft zu gewinnen?
* Wie haben Sie sich auf die zunehmende Globalisierung und Digitalisierung der Kundenbeziehungen vorbereitet?

3

Die Strategie der Beschaffung

Was Sie aus diesem Kapitel mitnehmen

Sie erfahren mehr über die grundlegenden Strategien der Beschaffung bzw. des Sourcings. Sie erhalten einen Überblick über verschiedene Strategien, von der objekt- über die subjekt- bis hin zur wertschöpfungsbezogenen Einkaufsstrategie. Dadurch können Sie als Unternehmer bzw. Verkäufer das Vorgehen der Einkäufer besser verstehen und gekonnter darauf reagieren.

Die Beschaffungsstrategie dient dazu, die zeitnahe und termingerechte Beschaffung von Produkten und Leistungen zu gewährleisten. Eine Einkaufsstrategie zielt hauptsächlich darauf ab, die Versorgung des Unternehmens mit allen nötigen Mitteln sicherzustellen. Dabei wird selbstverständlich auch auf die damit verbundenen Kosten geachtet, denn jedes Unternehmen hat ein wirtschaftliches Interesse daran, diese so gering wie möglich zu halten.

In Abschn. 3.1 bis Abschn. 3.7 werden verschiedene Beschaffungsstrategien erläutert, die unterschiedliche Aspekte in den Vordergrund rücken.

© Springer Fachmedien Wiesbaden GmbH, ein Teil von Springer Nature 2018
C. Kober, *Die Verhandlungsmethoden der Einkäufer,*
https://doi.org/10.1007/978-3-658-22548-3_3

3.1   Objektbezogene Beschaffung

Die Objekte, die beschafft werden, unterscheiden sich in Bezug auf ihre Komplexität. Es kann sich um einfache Einzelteile, komplexe Module oder um ganze Systeme handeln. Daher unterscheiden Einkäufer zwischen Unit Sourcing, Modular Sourcing und System Sourcing. Diese drei objektbezogenen Sourcing-Konzepte werden im Folgenden kurz näher betrachtet.

Unit Sourcing
Beim Unit Sourcing werden alle benötigten Teile von verschiedenen Lieferanten beschafft und im eigenen Unternehmen zum Endprodukt zusammengefügt. Die Leistungstiefe innerhalb des Unternehmens des Abnehmers ist in diesem Fall sehr hoch. Die Wertschöpfungskette ist hier kaskadenförmig aufgebaut, wobei die einzelnen zugelieferten Teile meist eine geringe Komplexität besitzen. Die Abb. 3.1 verdeutlicht nochmals das Unit-Sourcing-Konzept.

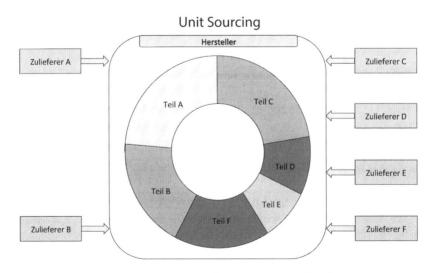

Abb. 3.1   Unit-Sourcing-Konzept. (Quelle: Eigene Darstellung)

Modular Sourcing

Beim Modular Sourcing wird die Leistungstiefe innerhalb der eigenen Produktion gesenkt. Basierend auf Make-or-Buy-Entscheidungen wird, im Vergleich zum Unit Sourcing, die Fertigung größerer und umfassenderer Bedarfsmodule an den Zulieferer vergeben. Die angelieferten Teile sind nun einbaufertige Module.

Durch diese Art des Sourcings verringert sich die Anzahl der unternehmensinternen Arbeitsschritte, die Anzahl der Zulieferer wird reduziert und die Übersichtlichkeit der Prozesse erhöht. Allerdings entsteht durch das Modular-Sourcing-Konzept häufig eine größere Abhängigkeit von einzelnen Lieferanten. Mit der Auslagerung umfassenderer Bedarfe erhält ein einzelner Supplier auch oftmals, im Vergleich zum Unit Sourcing, ein umfassenderes Know-how vom Kunden. Die Abb. 3.2 zeigt den Aufbau des Modular-Sourcing-Konzepts.

System Sourcing

Das System Sourcing umfasst die Bereitstellung umfassender Systemarchitekturen bzw. -anwendungen mit einer sehr hohen Verantwortung seitens des Lieferanten. Die Zusammenarbeit zwischen

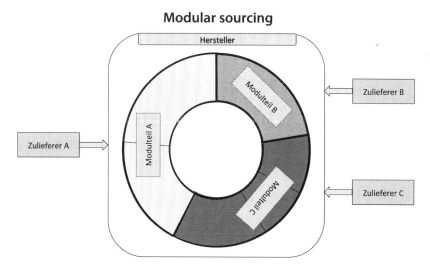

Abb. 3.2 Aufbau Modular Sourcing. (Quelle: Eigene Darstellung)

dem Kunden und seinem Lieferanten ist in diesem Fall sehr intensiv und oft auf längere Zeiträume angelegt.

3.2 Subjektbezogene Beschaffung

Subjektbezogene Beschaffungsstrategien stellen die Frage in den Mittelpunkt, wie stark Unternehmen bei der Bestellung miteinander kooperieren.

Individual Sourcing
Beim Individual Sourcing bestellt ein Unternehmen eigenständig etwas bei einem Lieferanten. Es ist in puncto Beschaffung unabhängig, kann schnell auf Marktveränderungen reagieren und vollständig nach eigenen Interessen handeln.

Collective Sourcing
Beim Collective Sourcing bündeln hingegen mehrere eigenständige Unternehmen ihre Bestellungen.

Hier schließen sich mehrere Unternehmen zu einer Einkaufskooperation zusammen. Dadurch können größere Mengen zu besseren Konditionen beschafft werden. Die kooperierenden Unternehmen erreichen gemeinsam eine größere Einkaufsmacht. Die Beschaffung wird hierbei i. d. R. von einem der teilnehmenden Unternehmen für das ganze Kollektiv übernommen. In anderen Fällen wird sie an einen Dritten, z. B. einen Einkaufsverband, als Dienstleistung vergeben.

3.3 Technologiebezogene Beschaffung

Hierbei spielt die Art der eingesetzten Technologien eine wichtige Rolle. Der Einkäufer stellt sich beispielsweise die Frage, welchen Innovationsgrad das einzukaufende Gut besitzt. Entspricht es dem neuesten Stand der Technik? Ist es mit eigenen Technologien im Haus des Abnehmers kompatibel und in den Ländern, in denen es vermarktet wird, technologisch einsetzbar? Hierbei spielen häufig auch technische Normen (die je nach Region unterschiedlich sein können) eine wichtige Rolle – z. B. ob eine Pumpe über die notwendige Zertifizierung für ein spezielles Rohrnetz verfügt, in dem sie eingesetzt werden soll.

3.4   Arealbezogene Beschaffung

Bei der arealbezogenen Beschaffung wird danach unterschieden, wie groß der geografische Raum ist, in dem die Lieferanten eines Unternehmens ansässig sind. Man unterscheidet hier zwischen Local Sourcing, National- bzw. Domestic Sourcing und Global Sourcing.

Local Sourcing
Local Sourcing bedeutet, dass die Produktionsstätte des Lieferanten und der Abnehmer sich in geografischer Nähe zueinander befinden. Die Lieferwege sind kurz und daher geeignet für Verfahren wie die Just-in-Time- bzw. Just-in-Sequence-Belieferung.

Domestic Sourcing
Beim Domestic Sourcing wird das Local Sourcing bis zu den Landesgrenzen erweitert.
Der Kunde bezieht seine Güter sozusagen auf dem Heimatmarkt. Hierdurch vergrößert sich, im Vergleich zum Local Sourcing, das Spektrum potenzieller Lieferanten, ohne dass der Kunde die Risiken eines Imports tragen muss.

Global Sourcing
Im Zuge der Globalisierung hat sich das Global Sourcing als Standard durchgesetzt.
Beim Global Sourcing werden weltweit verfügbare Lieferanten als potenzielle Partner angesehen. Durch die globale Vernetzung und den schnellen Informationsaustausch ist es kein Problem, auch mit weit entfernten Lieferanten auf anderen Kontinenten zu verhandeln. Neben der riesigen Auswahl an Zulieferern und den dadurch verbundenen

Kostenvorteilen erzeugt das Global Sourcing häufig aber auch einen gewissen administrativen Mehraufwand im Vergleich zum Domestic Sourcing.

3.5   Lieferantenbezogene Beschaffung

Hier wird nach Anzahl der Lieferanten unterschieden, ob es sich um Single Sourcing (nur ein Lieferant) Dual Sourcing (zwei Lieferanten) oder Multiple Sourcing (mehrere Lieferanten) handelt.

3.6   Zeitbezogene Beschaffung

Die Varianten der zeitbezogenen Einkaufsstrategien werden im Folgenden näher erläutert:

Stock Sourcing
Wenn es sich um sehr wichtige Materialien bzw. Produktkomponenten mit hohem Versorgungsrisiko handelt, kann das Unternehmen diese frühzeitig bestellen und auf Vorrat halten. Durch das traditionelle Stock Sourcing wird die Versorgung mithilfe von Lagerbeständen gesichert, die regelmäßig befüllt werden.

Dadurch ergibt sich eine relativ hohe Lieferfähigkeit, da i. d. R. genügend Ware direkt abrufbar auf Lager ist. Durch das Stock Sourcing wird viel Kapital in Lagerbeständen gebunden.

Demand Tailored Sourcing
Das Demand Tailored Sourcing ist eine eher selten genutzte Methode, bei der erst bei konkretem Bedarf, z. B. wenn eine Bestellung des Endkunden eingeht, Ware beim Lieferanten bestellt wird.

Diese Strategie ist meist sehr teuer, da der Bedarf kurzfristig, in oftmals geringen Stückzahlen, gedeckt werden muss und der Einkäufer durch die geringen Einkaufsvolumina Verhandlungsmacht gegenüber seinen Lieferanten verliert. Vorteil dieser Art der Beschaffung ist die hohe Flexibilität, da im Normalfall weder eine langfristige Bindung noch übrige Lagerbestände vorhanden sind. Gleichzeitig steigt jedoch auch das Versorgungsrisiko im Vergleich zum Stock Sourcing.

Just in Time Sourcing
Unter Just in Time Sourcing versteht man das Prinzip einer bedarfsgerechten Lieferung. Dies bedeutet, dass innerhalb eines Rahmenvertrags eine Abnahmemenge definiert wird. Diese Abnahmemenge wird periodisch genau festgelegt. Der Lieferant verpflichtet sich im Rahmenvertrag, die benötigte Menge an Waren kurzfristig anzuliefern, teilweise mehrmals täglich. Dadurch spart der Einkäufer Lagerhaltungs- und eventuell Personalkosten ein, ohne die internen Durchlaufzeiten zu verringern.

Ein Rahmenvertrag ist eine individuelle Vereinbarung zwischen den Vertragspartnern. Er ist meist langfristig ausgelegt und bildet damit die Grundlage für konkrete, wiederkehrende Bestellungen innerhalb einer definierten Planperiode. Ein Rahmenvertrag kann für beide Seiten Vorteile bieten. Zunächst wird durch die Aufsetzung eines Rahmenvertrags ein Grundgerüst erstellt, auf das bei jeder Bestellung zurückgegriffen werden kann. Das bedeutet, dass nicht bei jeder Order ein komplett neuer Vertrag aufgesetzt werden muss. Der Zulieferer erhält dadurch mehr Planungssicherheit bei der Produktion, während der Einkäufer aufgrund der langen Vertragsdauer und der hohen Bestellmengen häufig einen besseren Einkaufspreis erzielen kann. Jedoch ist darauf zu achten, dass die Menge der zu liefernden Güter als voraussichtliche Stückzahl ausgewiesen wird und der Vertrag eine Klausel enthält, die dem Kunden keine definitive Abnahmepflicht zuschreibt. In einem Rahmenvertrag werden typischerweise die folgenden Punkte festgehalten:

- Spezifikationen des Beschaffungsobjekts und Qualitätsanforderungen
- Preis pro Einheit und Zahlungsbedingungen
- voraussichtliche Abnahmemenge in einem bestimmten Zeitraum
- Abnahmepflichten
- Lieferzeit und die Lieferbedingungen
- Vertragsdauer

Just in Sequence Sourcing

Das Just in Sequence Sourcing ist eine Weiterentwicklung des Just in Time Sourcing, bei dem die zeitliche Taktung der Lieferungen eine noch bedeutendere Rolle spielt. Die angelieferten Teile werden zu einem exakt definierten Zeitpunkt und in der benötigten Reihenfolge beispielsweise an das Produktionsband eines Automobilherstellers geliefert und quasi direkt in die Produktionskette eingebaut.

3.7 Wertschöpfungsbezogene Beschaffung

Bei der auf die Wertschöpfung bezogenen Beschaffungsstrategie steht die Frage nach der Fertigungstiefe der Unternehmen im Vordergrund.

Man unterscheidet grundsätzlich zwischen In- und Outsourcing. Die Unternehmensführung muss in Abstimmung mit dem Einkäufer immer wieder neu entscheiden, ob sie Produkte oder Produktkomponenten selbst im eigenen Betrieb herstellt oder extern zukauft (Make or Buy).

Zudem spielt hier der Integrationsgrad eines Lieferanten in die Fertigung des Abnehmers eine wichtige Rolle. Beim *External Sourcing* produziert der Lieferant bei sich vor Ort. Im Gegensatz dazu erfolgt beim *Internal Sourcing* die Fertigung direkt im Werk des Kunden.

> **Transfer in die Praxis**
> - Welche Art der Beschaffungsstrategie verfolgen Ihre wichtigsten Verhandlungspartner aus dem Einkauf?
> - Setzen Ihre Kunden eher eine objekt-, subjekt-, technologie-, lieferanten-, zeit- oder wertschöpfungsbezogene Einkaufsstrategie ein? Oder vielleicht sogar eine Kombination aus mehreren Beschaffungsmethoden?
> - Wie können Sie Ihre wichtigsten Kunden bzw. Einkäufer angemessen unterstützen, damit sie ihre Beschaffungsstrategien in Zukunft noch erfolgreicher mit Ihnen als Lieferanten umsetzen können?

4

Die Konzepte der Einkäufer

Was Sie aus diesem Kapitel mitnehmen

Versierte Vertriebsmitarbeiter und Unternehmer, die die wichtigsten Analysen und Konzepte im Einkauf kennen und wissen, was der Einkäufer meint, wenn er z. B. von einer Cost-Breakdown-Analyse spricht, können sich erfolgreicher auf harte Verhandlungen vorbereiten. Sie sind in der Lage – genau wie ein Einkäufer – ihre Offerten und Präsentationen im Vorfeld zu prüfen bzw. zu analysieren. So entdecken sie rechtzeitig, also vor der Angebotsabgabe, mögliche Schwächen und Stärken und können entsprechend inhaltlich bzw. argumentativ darauf reagieren.

Sie erfahren mehr über die Konzepte, die Einkäufer anwenden, um Güter, Leistungen und Lieferanten zu bewerten. Nach einer grundsätzlichen Begriffsklärung werden die einzelnen Konzepte im Einkauf, wie beispielsweise das Advanced Purchasing, also die frühzeitige Einbindung von Lieferanten in den Beschaffungsprozess, die Total-Cost-of-Ownership-Methode als eine Analyse zur Gesamtkostenbetrachtung, oder auch die Balanced Scorecard im Einkauf näher erläutert.

Je besser Sie die Konzepte der Einkäufer verstehen, umso gezielter können Sie sich auf Ihre Verhandlungspartner aus dem Beschaffungsbereich einstellen.

© Springer Fachmedien Wiesbaden GmbH, ein Teil von Springer Nature 2018
C. Kober, *Die Verhandlungsmethoden der Einkäufer,*
https://doi.org/10.1007/978-3-658-22548-3_4

Zu Beginn sollten wir einige wichtige Begriffe klar abgrenzen:

- Grundsätzlich wird der Beschaffungsprozess in den *strategischen* und den *operativen* Einkauf gegliedert.
- Der strategische Einkäufer arbeitet an der grundsätzlichen Einkaufsplanung, der Lieferantenauswahl und -bewertung; er kümmert sich um den Ausbau geeigneter strategischer Lieferanten sowie um den Abschluss von Rahmenvereinbarungen.
- Der operative Einkäufer hingegen ist mehr mit dem Tagesgeschäft – also beispielsweise dem Prüfen von Auftragsbestätigungen und Rechnungen sowie der Abwicklung von Bestellungen – befasst.
- Er ist im Gegensatz zu seinem Kollegen, dem strategischen Einkäufer, für das sog. Ordering bzw. die rein operative Abwicklung zuständig.

Ein operativer Einkäufer hat beispielsweise folgende Aufgaben:

- Beratung der Bedarfsstellen zu einkaufsrelevanten Themen der einzelnen Produktgruppen (z. B. Büromaterial, Dienstleistungen, Maschinen, Logistik, Fuhrpark, Marketing etc.)
- Durchführung von Auftragsvergaben und Bestellungen
- Stammdaten- und Vertragsmanagement
- Entwurf und Überwachung von Liefer- und Leistungsverträgen für Produkte und Dienstleistungen
- Mitarbeit bei der Betrachtung und Bewertung bereits bestehender sowie zu erwartender Einkaufs- und Folgekosten (z. B. Erstellung von Total-Cost-of-Ownership- und ABC-Analysen)
- Konzeption von Preisanfragen und Ausschreibungen in Abstimmung mit der Fachabteilung und dem strategischen Einkäufer
- Analyse von Fehlerquoten
- Vorbereitung von Qualitätsmanagementmaßnahmen bzw. Audits bei Lieferanten.

Da die Bestellvorgänge im Einkauf zunehmend automatisiert und digitalisiert ablaufen, nimmt die Bedeutung des operativen Einkaufs eher ab; die des strategischen Einkäufers nimmt dagegen eher zu.

Im Englischen finden sich zwei Begriffe, die ähnlich, aber dennoch leicht unterschiedlich definiert werden. In der deutschen Sprache werden sie beide mit Beschaffung übersetzt. Es handelt sich um Procurement und Sourcing. Im Folgenden finden Sie eine kurze Definition und Abgrenzung dieser Bezeichnungen.

Procurement (Beschaffung)

Procurement umfasst den Prozess der Beschaffung von Waren und Dienstleistungen, die ein Unternehmen benötigt, um den Unternehmenszweck zu erfüllen. Dazu zählen beispielsweise die Finanzierung von Einkäufen, das Verhandeln von Einkaufspreisen, die Entwicklung von Qualitätsstandards und Ähnlichem. Betrachtet man die Wertschöpfungskette, endet die Beschaffung bzw. das Procurement, sobald das einkaufende Unternehmen zum Eigentümer des gelieferten Guts wird.

Sourcing (Einkauf)

Im Prozess der Beschaffung ist das sog. Sourcing ein wichtiger Bestandteil. Es beschreibt den Ablauf, wie Quellen zum Bezug der benötigten Waren oder Dienstleistungen gesucht werden. Hierbei werden die bereits im übergreifenden Procurement-Prozess festgestellten Bedarfe betrachtet und diejenigen Zulieferer gesucht, die diese decken können. Häufig nutzen Einkäufer heute webbasierte Systeme für den Sourcing-Prozess.

Softwareprogramme unterstützen den Einkäufer heutzutage u. a. bei folgenden Aufgaben:

- Einkaufskonzeption
- Informationsmanagement
- Lieferantenauswahl und -management
- Produktanalyse und -dokumentation
- Abwicklung und Auswertung von Bestellungen
- Erstellung von Statistiken zur Kontrolle
- Erfassung von Lieferterminen und -mengen

4.1 Verfahren zur Kostensenkung

4.1.1 Zentraler oder dezentraler Einkauf?

Ob die Beschaffung von Gütern zentral oder dezentral geregelt werden sollte, hängt von der Größe des Unternehmens und der Art der eingekauften Produkte ab. Beide Beschaffungsformen haben Vor- und Nachteile.

Für einen zentralen Einkauf spricht, dass die Einkäufer in diesem Fall die gesamte Materialwirtschaft überblicken. Sie haben – im Vergleich zum dezentralen Einkauf – eine größere Verhandlungsmacht gegenüber den Lieferanten, da die Bestellmengen entsprechend groß sind. Außerdem fallen bei Großbestellungen Mengenrabatte an. Dies senkt die Einkaufskosten.

Allerdings muss der Zentraleinkauf auch immer über alle technischen Probleme oder Verbrauchsänderungen sämtlicher Unternehmensabteilungen zeitnah informiert werden. Gerade bei größeren Unternehmen mit verschiedenen Standorten und vielen verschiedenen Beschaffungsgütern kann dies zu einem großem Kommunikationsaufwand und einer ausgeprägten Bürokratie führen.

Ein dezentraler Einkauf ist dementsprechend flexibler, der Kommunikationsaufwand geringer. Allerdings wird infolge kleinerer Bestellmengen die Verhandlungsposition jedes einzelnen Einkäufers geschwächt. Die Mengenrabatte fallen häufig geringer aus, das Unternehmen muss demnach mehr für die eingekauften Güter bezahlen.

Praxisbeispiel: Dezentraler Einkauf mit dem Heavy-User-Konzept

Ein Einkäufer eines Großunternehmens aus der Stahlindustrie mit mehreren weltweit verteilten Standorten nutzt im Rahmen des dezentral organisierten Einkaufs das sog. Heavy-User-Konzept. Das heißt, dass beispielsweise die Einheit innerhalb eines globalen Konzerns, die den größten Bedarf an bestimmten Gütern hat, auch für deren Beschaffung zuständig ist. Das Werk, das im Unternehmensverbund z. B. den höchsten Verbrauch an Stahlkomponenten verzeichnet, ist auch für deren Einkauf – und zwar unternehmensweit – zuständig. Dieses Vorgehen ist oftmals sinnvoll, da dort, wo der größte Bedarf entsteht, auch häufig das größte Know-how über die benötigten Materialien bzw. Leistungen vorhanden ist.

Mögliche Bedeutung für Sie

Ob es bei Ihren Kunden einen zentralen oder dezentralen Einkauf gibt, kann sich auf Ihre Verhandlungsposition auswirken. Wenn ein zentraler Einkauf beispielsweise bei Ihnen große Volumen eines Produkts bzw. einer Leistung auf einen Schlag bestellt, kann der Einkäufer i. d. R. eher höhere Nachlässe fordern, weil er strategisch für Sie sehr wichtig ist. Er kann höhere Mengen anfragen als der Beschaffer eines Unternehmens, das seine Einkaufsorganisation ausschließlich dezentral aufgebaut hat.

4.1.2 Design-to-Cost

Bei der Design-to-Cost-Methode wird zuerst ermittelt, ob es kostengünstigere Alternativen bei den einzelnen Teilkomponenten eines Produkts gibt, die für die potenziellen Kunden jedoch gleichwertig erscheinen.

Diese gezielte, an den Wertempfindungen der Zielgruppe orientierte Kostensteuerung soll vermeiden, dass aufwändige Kostensenkungsmaßnahmen erst im Lauf des Produktionsprozesses ergriffen werden müssen, und sicherstellen, dass unnötige Folgekosten bereits in der Entwicklungsphase vermieden werden. Ein Vorteil der Design-to-Cost-Methode besteht darin, dass die Sicht und die Anforderungen der Kunden von Anfang an berücksichtigt werden. Außerdem wird der gesamte Prozess von der Marktsegmentierung bis zur Markteinführung strategisch geplant und überwacht. Unternehmen, die die Design-to-Cost-Methode anwenden, legen großen Wert auf ein ausgewogenes Verhältnis zwischen Kosten und Qualität. Diese Methode ist eng mit dem Zielkostenverfahren verbunden, allerdings strategischer ausgerichtet als dieses.

Beschaffungsmarktforschung im Vorfeld

Vor einem Design-to-Cost-Projekt werden häufig Analysen bzw. Befragungen im Rahmen der Beschaffungsmarktforschung durchgeführt. Unter Beschaffungsmarktforschung versteht man das Sammeln und Aufbereiten von Informationen über Beschaffungsmärkte in der Gegenwart und in Zukunft. Untersucht werden hierzu beispielsweise:

- **Die Struktur der Beschaffungsmärkte:** Menge, Wettbewerbsposition und geografische Lage der Lieferanten
- **Die zum Einsatz kommenden Güter:** Produktionsverfahren und Qualität der eingesetzten Materialien
- **Der Preis und die Leistungsmöglichkeiten der derzeitigen und potenziellen Lieferanten:** Qualifikation der Mitarbeiter, Lieferkapazitäten, Lieferservice etc.
- **Die Präferenzen und Wertvorstellung** derzeitiger bzw. zukünftiger Kunden in Bezug auf bestehende bzw. neue Produkte bzw. Leistungen

Die Informationen zur Beschaffungsmarktforschung werden aus Befragungen, Geschäftsberichten, Statistiken, Branchenhandbüchern und zahlreichen weiteren Quellen gewonnen.

Praxisbeispiel: Design-to-Cost-Methode

Ein Smartphone-Hersteller möchte ein neues Gerät auf den Markt bringen. Um möglichst erfolgreich zu sein, analysiert er zunächst den Markt und die Kunden. Bei Kundenbefragungen stellt sich heraus, dass ein geringes Gewicht, eine gute Kamera und eine lange Akkulaufzeit für viele Nutzer die wichtigsten Anforderungen sind. Der Hersteller erhöht daher den Plastikanteil beim Handygehäuse, um Gewicht (und gleichzeitig Kosten) zu sparen. Außerdem wechselt er den Kamera- und Akkulieferanten, um den Kundenanforderungen besser zu entsprechen und kostenintensive, nachträgliche Änderungen zu vermeiden.

Mögliche Bedeutung für Sie
Wenn ein Einkäufer Ihnen die Zusammenarbeit nach den Regeln des Design-to-Cost-Verfahrens vorschlägt, kann dies eine Riesenchance für Sie als Lieferant sein. Denn Sie erhalten im Lauf dieses Prozesses wertvolle Informationen: beispielsweise über die Kostenziele und Designvorgaben Ihres Kunden sowie über die Präferenzen der Endkunden Ihres Auftraggebers. Sie sichern sich dadurch eventuell sogar einen Know-how-Vorsprung vor Ihren Wettbewerbern. Falls einer Ihrer Großkunden noch kein Design-to-Cost-Verfahren einsetzt, könnten Sie ihm (z. B. bei einem neuen Projekt) die Zusammenarbeit auf Basis der Design-to-Cost-Methode vorschlagen.

4.1.3 Total-Cost-of-Ownership-Methode

Von zentraler Bedeutung für den Einkauf ist das sog. Total-Cost-of-Ownership(TCO)-Verfahren. Bei diesem Verfahren analysiert der Einkäufer, häufig mithilfe eines Softwareprogramms, die Angebote der unterschiedlichen Lieferanten im Hinblick auf die Gesamtkosten. Er untersucht dabei folgende drei Hauptbereiche:

1. **Kosten bei der Anschaffung**
   Beispielsweise könnten dies notwendige Kosten für die Lieferantenauswahl und -bewertung bzw. die Durchführung von Pre-Audits sein, ebenso z. B. die erforderlichen Umstellungskosten in der Produktion des Kunden, Schulungskosten zur Einweisung des Personals, Investitionen in die Entwicklung und Planung, der Anschaffungspreis des Guts bzw. der Leistung sowie die Liefer- und Verpackungskosten, Zollgebühren und anfallende Reisekosten.
2. **Kosten während des Einsatzes bzw. der Nutzung**
   Dazu zählen u. a. die Wartungs- und Servicekosten, die Personalkosten, um beispielsweise eine Maschine zu bedienen, anfallende Finanzierungs- und Reparaturkosten etc.
3. **Kosten nach dem Produkt- bzw. Leistungseinsatz**
   Dazu zählen zum Beispiel Kosten zur Entsorgung, zum Wiederverkauf bzw. zur Wiederbeschaffung eines Produkts sowie weitere Kosten, die nach dem Einsatz anfallen können.

> **Übrigens:** Wenn Sie sich als Unternehmer bzw. Verkäufer ebenfalls nach der TCO-Methode auf wichtige Preisverhandlungen vorbereiten, können Sie die Stärken Ihres Angebots in allen drei genannten Kostenblöcken im Vergleich zum Wettbewerb herausstellen.

Bei der TCO-Betrachtung spielen nicht nur die direkten, sondern auch die indirekten Kosten eine wichtige Rolle. Das heißt, in diese Art der Berechnung fließen nicht nur die reinen Anschaffungskosten eines Produkts, sondern auch relevante Nebenkosten ein, also im Grunde die gesamten Kosten während der Lebensdauer eines Produkts. Der Einkäufer ist dabei auf eine neutrale Quelle angewiesen, um verlässliche Kostenvergleiche anzustellen.

Eine interessante Bezugsquelle ist hier z. B. die Datenbank der costdata® GmbH, einem Dienstleister mit Wurzeln in der Automobilindustrie, der u. a. Einkäufer mit neutralen Kostenangaben zu Maschinen- und Personalkosten etc. versorgt. Hier erhalten Einkäufer fundierte weltweite Vergleichsdaten – beispielsweise durch die Nutzung der entsprechenden Datenbank. Diese enthält in folgende vier Kategorien gegliederte Daten:

1. Gemeinkosten: über 1000 Fertigungsstandorte weltweit, 28 Branchen bzw. Fertigungsbereiche
2. Personalkosten: Die Datenbank costdata® wages enthält Lohndaten aus über 1000 Fertigungsstandorten weltweit und 15 Branchen. Die Löhne werden über zehn Qualifikationsstufen und mit oder ohne Sozialgemeinkosten angegeben.
3. Maschinenkosten: Daten von derzeit über 1600 Maschinen in mehr als 60 Fertigungstechnologien
4. Materialpreise: über 12 000 Materialpreise für acht Wirtschaftsregionen weltweit

Eine weitere gute Quelle für statistische und finanzielle Auskünfte ist beispielsweise auch die Webseite www.destatis.de. Diese enthält ausführliche statistische Daten zu einzelnen Branchen.

Ein Beispiel zur TCO-Analyse zeigt die folgende Abb. 4.1.

Beispiel zur TCO-Analyse				
Lizenzkosten der Software und Einkaufspreis der Software	Schulung der Mitarbeiter	Kosten für Updates und Support	Arbeitsausfall während der Updates	Kosten der Wiederbeschaffung etc.

Abb. 4.1 Beispiel zur Total-Cost-of-Ownership(*TCO*)-Analyse. (Quelle: Eigene Darstellung)

Praxisbeispiel: Total-Cost-of-Ownership-Methode

Ein Chemieunternehmen plant, eine Armatur für ein Rohrnetz zu kaufen. Der Preis einer geeigneten Armatur von Unternehmen A liegt 10 % über dem Marktpreis. Auf den ersten Blick – bei Betrachtung der reinen Produktkosten – erscheint das Angebot zu teuer.

Bei der TCO-Betrachtung bezieht der Einkäufer jedoch auch die indirekten Kosten mit ein, wie beispielsweise die Wartungs- und Entsorgungskosten oder auch den erforderlichen Zeit- bzw. Personalaufwand zum Bedienen der Armatur.

Der Einkäufer stellt fest, dass das Produkt zwar in der Anschaffung etwas teurer als ein herkömmliches Gerät ist, jedoch bei der Bedienung einen entscheidenden Vorteil bietet: Die Armatur kann mit nur 9 statt normalerweise 21 Umdrehungen geschlossen werden. Dadurch lässt sich regelmäßig viel Zeit sparen. Damit ergibt sich ein klarer Vorteil bei den indirekten Kosten. Der Einkäufer entscheidet sich deshalb für dieses Produkt.

Mögliche Bedeutung für Sie

Welche Chance bietet Ihnen als Anbieter nun die TCO-Analyse? Sie wissen, dass der Einkäufer nach dem TCO-Verfahren vorgeht? Dann ist es häufig hilfreich, eine TCO-Analyse aus Ihrer Sicht aufzustellen, insbesondere im Vorfeld wichtiger Verhandlungen. Sie könnten beispielsweise die einzelnen (bereits erwähnten) Kostenblöcke der TCO-Methode auf Ihre wichtigsten Wettbewerber, die sich ebenfalls um einen Auftrag bewerben, und auf Ihre eigene Offerte beziehen. Dies geschieht, damit Sie die Schwachstellen und die Stärken Ihres Angebots, im Vergleich zu Ihren Konkurrenten, entdecken. Selbstverständlich betonen Sie dann im Gespräch mit dem Einkäufer bitte vor allem Ihre gefundenen, besonderen Stärken.

4.1.4 Make-or-Buy-Entscheidung treffen

Um möglichst kostengünstig zu produzieren, stehen viele Unternehmen vor der Frage: Produzieren wir lieber selbst oder lassen wir extern produzieren?

Dabei wird ein Kostenvergleich zwischen Fremdbezug und Eigenfertigung erstellt. Auch nichtmonetäre Aspekte spielen dabei eine Rolle: Sind die eigenen Mitarbeiter in der Lage und haben sie Zeit und die entsprechenden materiellen Ressourcen, um das Produkt oder die Produktkomponente selbst zu fertigen? Entspricht das Ergebnis der gewünschten Qualität? Welche Risiken ergeben sich, wenn das Unternehmen die Produktion auslagert? Gibt es geeignete, zuverlässige Lieferanten? Wie abhängig macht sich das Unternehmen von einem Lieferanten, wenn es Produkte nur von ihm bezieht? Geht dadurch im Unternehmen wichtiges Know-how verloren?

Kosten, Zeit, Qualität, Verfügbarkeit von Ressourcen und Risiken werden bei der Make-or-Buy-Analyse systematisch gegeneinander abgewogen.

Die sog. Leistungstiefe ist dabei häufig ein weiteres Kriterium für den Einkäufer, um eine Make-or-Buy-Entscheidung zu treffen. Mithilfe dieser Analyse wird das Verhältnis zwischen unternehmensintern erbrachten und extern zugekauften Leistungen analysiert.

Damit Einkäufer sich hauptsächlich auf ihr Kerngeschäft – beispielsweise den Einkauf von A- und B-Artikeln – konzentrieren können, lagern sie im Rahmen einer Make-or-buy-Überlegung den Einkauf, v. a. ihrer indirekten Bedarfe, gern an externe Dienstleister aus. Diese können beispielsweise in folgenden Bereichen tätig sein:

- Gebäudedienste
- Reiseorganisation
- Reparatur und Wartung
- Logistik
- Telekommunikationsleistungen
- Sicherheitsdienste
- Eventorganisation

Praxisbeispiel: Make-or-Buy-Entscheidung

Ein Fliesenhersteller erwägt, die Brennrohlinge nicht mehr wie bisher selbst herzustellen, sondern von einem Lieferanten zu beziehen.

Er informiert sich zunächst darüber, ob es eine ausreichende Anzahl möglicher Anbieter gibt. Anschließend wägt das Unternehmen Vor- und Nachteile der Eigenproduktion gegenüber dem Fremdbezug ab: Wenn es die Rohlinge weiterhin selbst erstellt, bleibt das Know-how im Betrieb erhalten, das Unternehmen kann die Qualität genau kontrollieren und Termine verlässlich planen. Es ist unabhängig von externen Lieferanten. Wenn eine kritische Menge überschritten wird, kann es die Produkte zudem kostengünstiger produzieren.

Andererseits muss das Unternehmen nicht in neue Maschinen investieren, wenn es die Rohlinge extern bezieht. Da seit einigen Jahren eine große Mitarbeiterfluktuation herrscht, müssen die neuen Kollegen bei der Eigenproduktion regelmäßig intensiv geschult werden. Die kritische Menge wird durchschnittlich nur in vier Monaten pro Jahr überschritten. Der Fremdbezug ist folglich günstiger. Ein Lieferant, mit dem das Unternehmen im Gespräch ist, verfügt außerdem über großes Know-how. Die Rohlinge des Anbieters sind von herausragender Qualität. Auch Lagerkapazitäten könnten eingespart werden. Das Unternehmen entscheidet sich deshalb dafür, die Produktion auszulagern.

Mögliche Bedeutung für Sie

Wissen Sie, für welche Arten von Kunden aus welchen Branchen Sie ein besonders attraktiver Lieferant im Hinblick auf Make-or-Buy-Überlegungen sein könnten?

Unternehmen, die eine sehr hohe Kapazitätsauslastung verzeichnen, große Auftragsbestände haben und nur schwer ausreichend Fachpersonal finden, sollten interessant für Sie sein. Wenn dies zudem potenzielle Abnehmer sind, die hohe Renditen erzielen und deren eigene Zeit sehr wertvoll ist, könnte sich daraus für Sie die Gelegenheit ergeben, sich aktiv als Lieferant vorzustellen, zu dem der Einkäufer momentan zeitraubende interne Leistungen auslagern könnte.

4.1.5 Zielkostenverfahren

Das Target-Costing- bzw. Zielkostenverfahren ist ein Konzept, bei dem der Endpreis bereits zu Beginn der Entwicklung im Fokus steht.

Hier wird das Ziel verfolgt, ein Produkt mit vom Kunden definierten Eigenschaften und Funktionen zu einem, gegebenenfalls ebenfalls vom Kunden, vorgegebenen Preis zu entwerfen. Das Motto lautet: Was darf ein Produkt bzw. eine Leistung kosten? Der Fokus liegt somit auf einer kundenorientierten Produkt- bzw. Leistungsentwicklung. Man kann das Zielpreisverfahren in folgende drei Schritte einteilen: Endkostenfindung, -spaltung und -erreichung.

Wertanalyse aus Kundensicht als Bestandteil der Zielkostenrechnung
Durch Marktforschung und -beobachtung wird der Zielpreis (Target Price) ermittelt und als maximaler Endkostenpunkt definiert.

Um herauszufinden, wie preissensibel die (potenziellen) Käufer sind und auf welche Funktionen sie großen Wert legen, werden die Kunden zunächst befragt, welchen Preis sie für ein bestimmtes Produkt als optimal ansehen. Anschließend wird ermittelt, welche Preise die potenziellen Abnehmer für die einzelnen Bestandteile des Produkts bezahlen würden. Diese Kriterien werden einzeln abgefragt und bewertet. Dadurch wird deutlich, für welche Produkteigenschaften oder -funktionen die Befragten bereit wären, wie viel Geld auszugeben. Zudem sollten auch die Kriterien für den Nichtkauf, also sog. K.-o.-Kriterien erfragt werden. Darüber hinaus wird im Rahmen der Wertanalyse auch analysiert, welche Bestandteile eines Produkts bzw. einer Leistung man in qualitativ ähnlicher Form günstiger einkaufen bzw. auf welche man sogar ganz in Zukunft verzichten könnte.

Grundsätzlich können Einkäufer ihre angestrebten Preise häufig durch folgende vier Methoden des Target Costing bzw. Target Pricing annähernd ermitteln:

1. Wettbewerbsvergleich: Welche Preise erzielen die Mitbewerber?
2. Marktpreisanalysen: Wie hoch sind die gängigen Marktpreise?
3. Kundenbefragungen: Was wären unsere Kunden bereit zu bezahlen?
4. Ermittlung eigener Fertigungskosten sowie der angestrebten Deckungsbeiträge

Für den Einkäufer und seine Kollegen aus der Markforschung ist es entscheidend, dass sie zusätzlich zu den Zahlungsbereitschaften und Wertanteilen aus Kundensicht auch die eigenen Fertigungskosten der einzelnen Teilprodukte mit einbeziehen.

Der Zielpreis setzt sich aus dem erwünschten Zielprofit (Target Profit) und den maximal erlaubten Produktionskosten (Allowable Costs) zusammen.

Um den kostenseitigen Optimierungsbedarf innerhalb der aktuellen Produktion festzustellen, werden die Kosten für die Fertigung der Ware bei aktuellen Produktionsbedingungen (Drifting Costs) ermittelt. Durch den Vergleich dieser Kostenblöcke mit den maximal erlaubten Produktionskosten für das Produkt lässt sich bestimmen, ob der Zielpreis mit dem erwünschten Gewinn (Target Profit) erreicht werden kann, oder ob weitere Prozessoptimierungen erforderlich sind (Abb. 4.2).

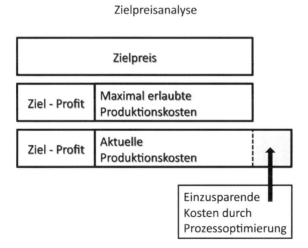

Abb. 4.2 Zielkostenverfahren. (Quelle: Eigene Darstellung)

> **Praxisbeispiel: Zielkostenverfahren**
>
> Ein Automobilunternehmen möchte einen neuen Mittelklassewagen auf den Markt bringen. Um einen geeigneten Preis zu ermitteln, wendet es die Target-Costing-Methode an.
>
> Es befragt (potenzielle) Kunden, wie viel ein solches Auto ihrer Meinung nach kosten dürfe. Anschließend werden die Kunden gebeten, anzugeben, wie viel sie für einen PS-starken Motor ausgeben würden, was sie bereit wären, für zusätzliche Sicherheitssysteme zu bezahlen, wie viel sie für eine Stereoanlage oder ein integriertes Navigationsgerät bezahlen würden etc.
>
> Es stellt sich heraus, dass für die meisten Kunden v. a. die Fahrsicherheit im Vordergrund steht. Für technische Raffinessen, wie ein besonders gutes Soundsystem, sind die Kunden dagegen nicht bereit, viel zu bezahlen. Auf Basis dieser Angaben ermittelt das Unternehmen den potenziellen Marktpreis des Fahrzeugs. Um diesen festzusetzen, führt es zusätzlich einen Wettbewerbsvergleich und eine Marktpreisanalyse durch. Anschließend setzt es eine angestrebte Gewinnspanne fest. Aus dieser Gesamtbetrachtung ergeben sich dann die Allowable Costs, also die Kosten, die das Auto insgesamt maximal kosten darf. Das Unternehmen wählt daraufhin günstigere Ausstattungskomponenten – statt der ursprünglich geplanten exklusiven Komponenten – aus.

Mögliche Bedeutung für Sie

Wenn Sie als Verkäufer wissen, was der Einkäufer mit den Begriffen Target Price, Allowable und Drifting Costs meint, können Sie viel besser mitdenken und mitdiskutieren. Einkäufer schätzen Verkäufer, die ihre Fachbegriffe verstehen und in ihrem Sinn versuchen, die geforderten Target-Preise durch innovative kostensparende Ideen auch tatsächlich zu erreichen.

4.1.6 ABC-Analyse

Die ABC-Analyse ist ein Instrument zur Einteilung von Waren und Lieferanten in drei Gruppen.

Die eingekaufte Menge an Waren wird in Relation zum eingekauften Wert gesetzt. Angenommen, es gibt eine kleine Menge an Gütern, die aber einen großen Teil der Einkaufskosten verursachen, so würden

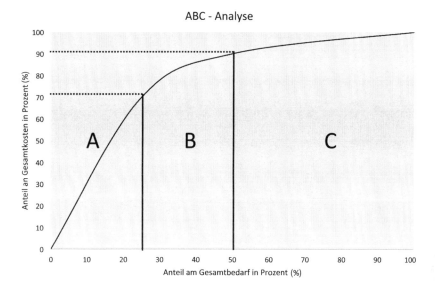

Abb. 4.3 ABC-Analyse. (Quelle: Eigene Darstellung)

diese Produkte in die Kategorie A fallen. Die Waren, die in geringeren Mengen bezogen werden und nur moderate Kosten verursachen, werden der Kategorie B zugeordnet. Die zahlenmäßig am häufigsten bestellten Waren, die jedoch zugleich den geringsten Einzelwert – bezogen auf ihren Einkaufswert – haben, ordnet man der Gruppe C zu. Meist stellt man die ABC-Analyse mithilfe einer Lorenzkurve dar (Abb. 4.3).

Praxisbeispiel: ABC-Analyse

Der Einkäufer eines produzierenden Betriebs aus dem Maschinenbau sieht ein Einsparpotenzial darin, die zahlreichen Bestellungen von Gütern bzw. Leistungen mit relativ niedrigen Einkaufswerten zu automatisieren bzw. abteilungsübergreifend zugänglich zu machen oder komplett an externe Einkaufsagenturen auszulagern. Denn bei den von ihm bezogenen C-Artikeln sind die Kosten für die Bestellung und Abwicklung – in Relation zum Warenwert – eher hoch. Deshalb entscheidet sich der Beschaffer nach der Auswertung seiner im Folgenden gezeigten Tabelle dazu, aus Kostengründen in Zukunft einen Teil der C-Teile-Beschaffung komplett auf eine externe Einkaufsagentur auszulagern. Die Tab. 4.1 zeigt die beispielhafte ABC-Analyse des Einkäufers.

Tab. 4.1 ABC-Analyse als Tabelle mit Prozentwerten

	A-Produkte (%)	B-Produkte (%)	C-Produkte (%)	Gesamt (%)
Lieferanten	5	21	74	100
Produkte	4	18	78	100
Einkaufswert	82	17	1	100
Anzahl der Bestellungen	9	26	65	100

Mögliche Bedeutung für Sie

Sind Sie bzw. Ihre Vertriebsmitarbeiter sich in den einzelnen Produktgruppen Ihres Angebotssortiments sicher, ob es sich aus der Sicht eines Einkäufers eher um A-, B- oder C-Artikel handelt? Nur dann können Sie Ihre eigene Verhandlungsstrategie entsprechend darauf abstimmen.

4.1.7 Cost-Breakdown-Analyse

Die Cost-Breakdown-Analyse teilt den Preis eines Produkts in seine einzelnen Kostenbestandteile auf, um mögliche Sparpotenziale zu ermitteln.

Für eine Cost-Breakdown-Analyse ist es wichtig, die Preise bzw. den Wert der einzelnen Bestandteile zu beschaffender Waren systematisch zu erfassen und, falls möglich, auch die Supply Chain des Lieferanten permanent zu analysieren. Einsparpotenziale des Zulieferers, z. B. aufgrund fallender Rohstoffpreise, sollten dabei auch eine direkte Auswirkung auf den aktuellen Einkaufspreis haben. Im Gegenzug kann ein Einkäufer bei steigenden Preisen einer einzelnen Komponente versuchen, gemeinsam mit einem Anbieter Lösungen zu finden, um die Kosten dennoch gering zu halten, beispielsweise durch die Durchführung von Redesign-Maßnahmen, die Beschaffung von Ersatzstoffen oder das Vereinbaren neuer Verträge.

Praxisbeispiel: Cost-Breakdown-Analyse

Der Einkäufer eines Herstellers von Kunststoffteilen beobachtet den Beschaffungsmarkt und die Preisentwicklung der eingesetzten, vom Erdölpreis abhängigen, Rohstoffe permanent. Zusätzlich fordert er regelmäßig detaillierte Kostenkalkulationen von seinen wichtigsten Lieferanten an. Seine Erkenntnisse daraus lässt er in eine Cost-Breakdown-Analyse einfließen. Somit kann er gegebenenfalls bestimmte Lieferanten, deren Preise aus dem Ruder laufen, mit seinen Erkenntnissen konfrontieren, um höhere Nachlässe und bessere Konditionen zu erzielen.

Die Abb. 4.4 sowie die Tab. 4.2 verdeutlichen nochmals die Vorgehensweise.

Cost-Breakdown-Analyse

Preis					
Gesamtkosten					Profit
Material	Gemein-kosten	Logistik	Arbeit	Herstellung	Profit

Abb. 4.4 Der Aufbau einer Cost-Breakdown-Analyse. (Quelle: Eigene Darstellung)

Tab. 4.2 Beispiel einer Gliederung der Kostenblöcke bei der Cost-Breakdown-Analyse

Materialkosten (Materials)	Einkaufskosten für Materialien
Gemeinkosten (Overhead)	Administration, Mieten etc.
Logistikkosten (Logistics)	Lagerhaltung, Distribution, Transport etc.
Arbeitskosten (Labor)	Lohnkosten, Stunden pro Einheit etc.
Herstellungskosten (Conversion)	Produktionskosten, Maschinenwartung etc.
Profit (Profit)	Kalkulierter Gewinn des Lieferanten

Eine Open-Book-Analyse verfolgt dasselbe Ziel

Ähnlich wie bei der Cost-Breakdown-Analyse wird bei einer Open-Book-Analyse ebenfalls versucht, die Kostenstrukturen des Lieferanten zu analysieren. Im Open-Book-Verfahren wird das Ziel verfolgt, eine möglichst transparente bzw. gläserne Kalkulation zu erstellen, um auch kleinste Optimierungschancen in einzelnen Kostenbereichen zu erkennen. Dazu wird, was bei der Cost-Breakdown-Analyse nicht unbedingt der Fall sein muss, der Einblick in die Bücher des Lieferanten aktiv eingefordert. Das heißt, der Anbieter muss seine Einkaufsdaten aus seiner Buchhaltung gegebenenfalls zur Verfügung stellen.

Der Gewinn des Verkäufers bzw. des von ihm vertretenen Unternehmens ist hier letztendlich das Objekt des Verhandlungsprozesses. Die Produktionskosten der gesamten Wertschöpfungskette werden inklusive der bisher erzielten Deckungsbeiträge durch den Zulieferer offengelegt. Anschließend wird gemeinsam nach möglichen Einsparpotenzialen gesucht. Diese können u. a. durch Veränderungen in der Produktion oder durch den Bezug günstigerer, qualitativ ausreichender alternativer Materialien erzielt werden. Zudem könnten beispielsweise Daten zu vertrauenswürdigen, günstigeren Zulieferern, die Vormaterialien liefern können, ausgetauscht oder die gemeinsame Beschaffung bestimmter Rohstoffe bzw. Güter in Erwägung gezogen werden.

Die Open-Book-Beziehung kann ein Zeichen für ein hohes Maß an Vertrauen sein. Sie bietet dem Einkäufer jedoch auch mehr Möglichkeiten, auf seinen Lieferanten Druck auszuüben.

Mögliche Bedeutung für Sie

Als Verkäufer bzw. Lieferant sollten Sie damit rechnen, dass Einkäufer zunehmend detaillierte Kostenaufstellungen zur Erstellung von Cost-Breakdown- bzw. Open-Book-Analysen von Ihnen fordern. Manche Anbieter, die eine starke Verhandlungsmacht haben, versuchen, sich so lange wie möglich dagegen zu sträuben. Doch nicht immer gelingt dies. Vor allem sollte ein Lieferant die einzelnen Kostenblöcke plausibel begründen können, um weiterhin preisstabil zu verkaufen und gleichzeitig seinen Kunden auf Dauer zu behalten. Außerdem ist darauf zu achten, dass bei der Anpassung der Verträge auch die Eventualität der wieder steigenden Einzelkosten abgesichert wird. Beide Seiten sollten im

Idealfall von den Kosteneinsparungen profitieren, aber beide Partner sollten auch das Risiko eventuell wieder steigender Preise gemeinsam tragen.

4.1.8 Pivot-Analyse und Data Mining

Für die Durchführung einer Pivot-Analyse benötigt ein Einkäufer eine Datenquelle als Ausgangsbasis. Aus dieser Datensammlung erstellt er anschließend die sog. Pivot-Tabelle. Diese speziellen Tabellen bieten viele Möglichkeiten zur Darstellung relevanter Daten im Einkauf. Es können zudem verschiedene Datenbestände miteinander verglichen bzw. verrechnet werden, um Durchschnitt, Summe, Differenz o. Ä. zu erhalten.

Unter Data Mining versteht man die Anwendung statistischer Verfahren auf große Datenvolumen, um bestimmte Muster zu erkennen. Im Einkauf ergeben sich hier sinnvolle Anwendungsmöglichkeiten. Beispielsweise kann ein Einkäufer dadurch Tausende von Artikeldaten mit Preisangaben und Spezifikationen im Enterprise-Resource-Planning(ERP)-System, ähnlich wie bei der Pivot-Analyse, methodisch verfügbar machen. Möchte er nun überprüfen, ob die angegebenen Preise noch aktuell und wettbewerbsfähig sind, könnte er theoretisch über mehrere Monate die aktuellen Preise der Lieferanten anfordern und manuell abgleichen. Effizienter wäre hier offensichtlich die Durchführung einer automatisierten Data-Mining-Analyse. Das heißt, die neuen Preislisten werden mithilfe einer Data-Mining-Software eingelesen. Auffällige Muster, wie z. B. im Vergleich zu den bisherigen Preisen starke Preisabweichungen nach unten oder oben, werden automatisch erkannt und aufgezeigt.

> **Praxisbeispiel: Pivot-Analyse**
>
> Ein Einkäufer aus der Industrie erstellt eine Pivot-Tabelle und ordnet die erhaltenen Daten unterschiedlicher Lieferanten beispielsweise nach der Produktkategorie und der Höhe des Preises bei einer bestimmten Mengenabnahme. Darüber hinaus erstellt er eine geeignete Kreuztabelle, die dann eine genauere Analyse der Fakten, beispielsweise durch den zusätzlichen Vergleich unterschiedlich hoher Frachtkonditionen der einzelnen Anbieter, ermöglicht.

Mögliche Bedeutung für Sie
Pivot-Tabellen, beispielsweise zur Analyse der Eckdaten Ihrer verschiedenen Angebotsvarianten, lassen sich übrigens schnell und einfach in Microsoft Excel oder Open Office erstellen. Somit können auch Sie für Ihre eigenen Analysezwecke von der Tabellenanalyse nach dem Pivot-Prinzip profitieren.

4.1.9 ABC-, XYZ- und Preisindexanalyse

XYZ-Analyse
Die XYZ-Analyse ist analog zur ABC-Analyse eine Methode, bei der Waren oder Dienstleistungen anhand der Häufigkeit ihrer Beschaffung eingeteilt werden.

Güter, die regelmäßig bestellt werden, gehören zur Gruppe X, regelmäßig schwankend oder saisonal bestellte Waren in die Gruppe Y und Güter, die unregelmäßig bestellt werden, sind der Gruppe Z zugeordnet.

ABC-XYZ-Analyse
Die ABC-XYZ-Analyse ist eine Kombination der ABC- und der XYZ-Analyse, bei der eine Drei-mal-Drei-Matrix erzeugt wird.

Dadurch erkennt man Güter bzw. Leistungen, die in Relation zur bestellten Menge wenig Wert haben, aber gleichzeitig regelmäßig benötigt werden. Der Einkauf dieser Produkte bzw. Leistungen bietet ein Einsparpotenzial, sofern man die Bestellvorgänge automatisieren und den administrativen Aufwand dadurch reduzieren kann.

Preisindexanalyse
Mithilfe einer Preisindexanalyse stellt ein Einkäufer fest, inwieweit sich bestimmte Rohstoff- bzw. Rohmaterialpreise in bestimmten Zeiträumen entwickelt haben.

Er zieht gegebenenfalls statistische Prognosen zur zukünftigen Preisentwicklung zurate. Dabei verwendet der Einkäufer häufig Preisindexdaten von externen Partnern, beispielsweise von Dienstleistern oder Verbänden bzw. entsprechenden Webseiten. Hier wären beispielsweise in der Baubranche die Webseite www.baupreise.de oder im Papier- bzw. Verpackungssektor die Homepage www.vdp-online.de zu nennen.

4.1.10 Balanced Scorecard im Einkauf

Die von Robert S. Kaplan und David P. Norton entwickelte Balanced Scorecard (BSC) ist eine Methode, um Werte, Ziele und Maßnahmen im gesamten Unternehmen oder in Teilbereichen effektiv zu steuern.

Auf den Einkauf bezogen, hilft die elektronische Balanced Scorecard bzw. Procurement Scorecard dem modernen Einkäufer, anhand weniger Daten einen guten Überblick über die Performance des Einkaufs insgesamt zu erhalten. Beispielsweise können in der Procurement Scorecard sog. Key Performance Indicators (KPI) – wie z. B. die erzielten Einsparungen („savings") in Bezug auf das gesamte Einkaufsvolumen, die Einhaltung der Liefertermine, die Reklamationsquoten oder auch aktuelle Daten zur Liquiditätslage bzw. zu den erzielten Zahlungsbedingungen – enthalten sein.

Zusätzlich kann die Balanced Scorecard auch auf die Lieferantenseite, in Form einer sog. Supplier Scorecard, bezogen werden. Hier werden dann z. B. zu erfüllende Mengen-, Qualitäts- oder Preisziele, die mit Lieferanten vereinbart wurden, erfasst und regelmäßig kontrolliert.

Praxisbeispiel: Balanced bzw. Procurement Scorecard

Key Performance Indicators (KPI) sind Leistungskennzahlen, anhand derer der Erfolg, die Leistung des Einkaufs bzw. die Auslastung einzelner Maschinen, Prozesse bzw. organisatorischer Einheiten innerhalb eines Unternehmens gemessen werden. Als KPI im Einkauf können verschiedenste Faktoren dienen. In unserem Praxisbeispiel misst ein Einkäufer eines international tätigen Handelsunternehmens die folgenden Indikatoren mithilfe seiner Procurement Scorecard und vergibt, je nach Grad der Zielerreichung, entsprechende Scores bzw. Punkte:

- Einhaltung zugesicherter Liefertermine
- Reklamationen pro Produkt bzw. pro Leistung
- Fehlerquote pro Leistungs- bzw. Produktgruppe
- Risikoverteilung in Bezug auf einzelne Lieferanten
- Budgetabweichungen nach Lieferanten
- Art der Beschaffungswege

- Einkaufsanteile der Lieferanten
- Verkaufsvolumen im Verhältnis zur eingekauften Menge
- Durchschnittlich erzielte Skonti bzw. Zahlungsbedingungen
- Durchschnittlich erzielte Nachlässe pro Lieferant

Im Bereich des E-Sourcings betrachtet unser Einkäufer zusätzlich folgende KPI:

- Durchschnittliche Dauer pro E-Sourcing-Event
- Anzahl der Log-ins pro Monat
- Anzahl durchgeführter Einkaufsprojekte pro Monat
- Anzahl elektronischer Ausschreibungen pro Monat
- Prozentualer Anteil der Ausgaben, die über E-Auctions entstanden sind

Zudem spielen folgende sog. Quoten für den Beschaffer des Handelsunternehmens im Bereich des E-Sourcing eine wichtige Rolle:

- E-Buy-Quote: Anteil der vollautomatisch abgewickelten Bestellungen
- E-Negotiation-Quote: Anteil des in elektronischen Verhandlungen erzielten Vergabevolumens
- E-Contracting-Quote: Anteil der elektronisch übermittelten Vertragsdokumente
- E-Information-Quote: Anteil offener Verträge in der automatischen Wiedervorlage

Mögliche Bedeutung für Sie

Wenn Sie bereits zu Beginn eines neu anzubietenden Projekts die Einkäufer Ihrer wichtigsten Kunden nach deren Balanced- bzw. Procurement Scorecard und den für Sie als Anbieter relevanten Zielvorgaben bzw. KPI fragen, steigen Ihre Chancen, das Angebot auch so zu formulieren, dass es den Vorstellungen des Beschaffers möglichst nahe kommt.

4.2   Verfahren im Umgang mit Lieferanten

4.2.1 Advanced Purchasing

Advanced Purchasing bzw. das sog. Forward Sourcing ist ein Einkaufskonzept, das zunehmend an Bedeutung gewinnt.

Hier arbeiten der Einkauf sowie die Entwicklungs- und gegebenenfalls auch die Marketingabteilung des Abnehmers mit einem strategisch wichtigen Lieferanten bereits während der Produkt- bzw. Leistungsentwicklungsphase intensiv zusammen. Die Lieferanten können ihr Know-how in Bezug auf Konzepte und Komponenten frühzeitig – bereits während der Entwicklung – einbringen. Dies führt häufig zu einer verbesserten Qualität der Endprodukte bzw. -leistungen. Im Idealfall werden dadurch auch die Entwicklungs- bzw. Produktionskosten gesenkt, da nachträgliche Anpassungen nicht bzw. nur in kleinerem Umfang notwendig sind.

Praxisbeispiel: Advanced Purchasing

Beispielsweise kann ein Lieferant von Lichtsystemen gemeinsam mit der Entwicklungs- und Einkaufsabteilung eines Automobilherstellers frühzeitig Ideen und Konzepte austauschen bzw. generieren, um die Kosten von Anfang an im Rahmen zu halten. Er erfährt dabei, dass es dem Kunden v. a. darum geht, dass das neue Lichtsystem den Gegenverkehr auch bei der Aktivierung der Fernlichteinstellung nicht blendet. Der Hersteller verspricht sich davon ein Alleinstellungsmerkmal gegenüber seinen Wettbewerbern. Zudem bietet das neue Lichtsystem den Autofahrern einen zusätzlichen Sicherheitsvorteil, indem entgegenkommende Fahrzeuge nicht mehr geblendet werden. Gemeinsam werden möglichst kostengünstige Ansätze zur Lösung dieser Anforderung erörtert.

Mögliche Bedeutung für Sie

Das Advanced-Purchasing-Verfahren kann für Sie als Anbieter eine große Chance darstellen. Sprechen Sie mit dem Einkäufer doch einmal über anstehende Projekte im Rahmen des Advanced Purchasing und bieten Sie ihm hierzu Ihre aktive Unterstützung bereits in der Entwicklungsphase an. Gegebenenfalls sind Sie dadurch als Erster, bereits während der Konzeption neuer Maßnahmen, mit im Boot. Die Beziehung zwischen Ihnen und Ihrem Kunden wird dadurch sicherlich noch enger als bisher.

4.2.2 Lieferantenaudit

Durch die Durchführung eines Lieferantenaudits erhält ein Kunde bzw. ein von ihm engagierter Berater direkten Einblick in das Unternehmen seines Lieferanten. Die aktuelle Situation, beispielsweise im technischen Produktionsbereich, in der Ablauforganisation oder dem Qualitäts- und Logistikmanagement, wird genau analysiert und anschließend nach einheitlichen Kriterien, die den Vergleich mit der Performance ähnlicher Anbieter zulassen, bewertet. Die Auditergebnisse werden oft von Einkäufern dazu verwendet, vermeintliche oder tatsächliche Chancen z. B. zur Produktivitäts- bzw. Qualitätssteigerung und Potenziale zu Kosten- bzw. Preisreduzierungen aufzuzeigen und einzufordern.

Praxisbeispiel: Lieferantenaudit

Der Auditberater eines Herstellers aus dem Pharmabereich besichtigt die Produktion eines seiner Verpackungsmaschinenlieferanten. Das Lieferantenaudit ergibt – aus Sicht des Kunden – Schwachstellen in der Produktion durch den Einsatz nicht mehr ganz zeitgemäßer Produktionsverfahren. Im Auditbericht wird der Anbieter daraufhin aufgefordert, den Produktionsablauf bis zu einem bestimmten Termin durch die Anschaffung einer neuen Maschine zu beschleunigen und gleichzeitig den lohnintensiven Teil der Produktion (das händische Befüllen und Verschließen spezieller Ampullen) in Low-Cost-Countries auszulagern. Die dadurch sinkenden Stückkosten sollen umgehend durch entsprechend niedrigere Preise an den Kunden weitergegeben werden.

Mögliche Bedeutung für Sie

Bereiten Sie sich bitte v. a. auf anstehende Audits bei Ihnen im Haus gut vor, indem Sie Ihre Ziele, die Sie während des Audits erreichen möchten, klar vorab definieren. Oftmals nehmen Lieferanten während des Audits eine rein passive Haltung ein, was sicher nicht sinnvoll ist. Denken Sie bitte daran, dass gerade erfolgreiche Unternehmen Lieferanten wertschätzen, die während eines Audits eigene Vorschläge unterbreiten. Wichtig ist zudem, dass während des Firmen- bzw. Produktionsbesuchs alle Mitarbeiter Bescheid wissen, dass ein wichtiger Kunde kommt. Neben einem einwandfreien Eindruck von der

Produktion sollte Ihr Abnehmer natürlich auch nicht gerade dann die Produktion besichtigen, wenn gerade die Charge eines wichtigen Wettbewerbers produziert wird.

4.2.3 Risikomanagementanalyse

Der moderne Einkauf sieht sich einer Vielzahl von Risiken ausgesetzt. Risiko meint hierbei die Gefahr, dass ein Unternehmen durch ein Ereignis daran gehindert wird, seine Ziele zu erreichen.

Die Beschaffungsrisiken können unterschiedlicher Natur sein: Qualitäts-, Preis-, Währungs- und politische sowie technische Risiken können hier oftmals potenzielle Gefahren darstellen. Um diese erfolgreich zu umgehen, ist es wichtig, dass der Einkauf Beschaffungsrisiken frühzeitig als solche erkennt und geeignete Lösungs- bzw. Notfallstrategien entwickelt.

Ein erster Schritt besteht darin, Frühindikatoren aufzulisten und zu gewichten, um potenzielle Risiken und kritische Lieferanten frühzeitig zu identifizieren und deren Eintritts- bzw. Ausfallwahrscheinlichkeit zu berechnen. Anschließend werden geeignete Maßnahmen eingeleitet, um die erörterten Beschaffungsrisiken zu vermeiden. Dieser Prozess wird kontinuierlich überwacht.

Ein moderner Einkäufer hat also heute nicht nur die Aufgabe, Lieferanten zu managen und neue Einkaufsquellen zu erschließen, sondern v. a. auch das Anliegen, jederzeit einen Überblick über die Risikofaktoren seiner Lieferkette (Supply Chain) zu haben.

Praxisbeispiel: Risikomanagementanalyse

Ein Wirbelsturm wütet in Thailand, und sofort werden dem modernen Einkäufer auf seinem PC-Bildschirm diejenigen Lieferanten auf einer digitalen Landkarte angezeigt, die von der Katastrophe betroffen sein könnten. Dies gibt dem Einkäufer die Möglichkeit, sich kurzfristig mit den infrage kommenden Partnern in Verbindung zu setzen und kritische Liefertermine und -zeiten zeitnah zu überprüfen.

Gegebenenfalls wird ein spezielles Krisenteam für diese Art kurzfristig auftretender schwieriger Situationen vom Einkäufer aktiviert, um sofort für den Ersatz der Engpassmaterialien bei alternativen Lieferanten zu sorgen.

Selbstverständlich spielen innerhalb des Risikomanagements von Einkäufern nicht nur Unwetterkatastrophen eine Rolle, sondern auch folgende Aspekte:

- Geopolitische Risiken
- Qualitätsrisiken in Bezug auf einzelne Produkt- bzw. Leistungsgruppen
- Lieferrisiken
- Risiken im Preis- und Konditionenbereich
- Kapazitätsrisiken
- Technische Risiken
- Risiko des Know-how-Diebstahls
- Fehlen eigener Fähigkeiten (beispielsweise zur Beurteilung einer anspruchsvollen Leistung im IT-Bereich, die es dann gegebenenfalls einzukaufen gilt)
- Zu wenige oder ungeeignete Partner im Netzwerk
- Marktrisiken
- Volkswirtschaftliche Risiken
- Kulturelle Risiken
- Risiken auf der Lieferantenseite
- Wirtschaftliche Risiken
- Rechtliche Unsicherheiten
- Umwelt- bzw. Entsorgungsrisiken

Dabei verwenden Einkäufer bestimmte Systeme, um Gefahren entsprechend ihrer Eintrittswahrscheinlichkeit zu bewerten (beispielsweise mit sehr gering, eher gering, eher hoch oder sogar sehr hoch).

Mögliche Bedeutung für Sie
Grundsätzlich wird ein moderner Einkäufer versuchen, potenzielle Risiken von Anfang an so weit wie möglich zu vermeiden bzw. diese auf ein Minimum zu reduzieren. Im Einkauf stellt sich häufig auch die Frage, inwieweit sich bestimmte Risiken auf Lieferanten auslagern lassen. Haben Sie schon einmal hinsichtlich der genannten Risikoaspekte eine eigene Risikoanalyse für Ihr Unternehmen erstellt? Einerseits, um zu analysieren, welche Gefahren Ihr Unternehmen heute oder in

Zukunft bedrohen. Andererseits, um vor wichtigen Verhandlungen zu erörtern, mit welchen Argumenten Sie die Zusammenarbeit mit Ihnen als besonders risikoarm darstellen könnten. Denn im Gespräch sollte dem Einkäufer klar werden, dass er bei einer Zusammenarbeit mit Ihnen mit einer höheren Sicherheit rechnen kann, als wenn er sich für Ihren stärksten Wettbewerber entscheidet.

4.2.4 Lieferantenanalyse

Auf Basis der ABC-Analyse untersuchen Einkäufer mithilfe der Lieferantenanalyse die Versorgungssicherheit bzw. das Einkaufsrisiko der zu beschaffenden Waren und Dienstleistungen in Bezug auf deren Gewinnauswirkung.

Daraus ergeben sich dann, in Anlehnung an die Wertigkeits-Risikoanalyse von Helmuth Gienke und Rainer Kämpf (Handbuch Produktion, Innovatives Produktionsmanagement: Organisation, Konzepte, Controlling. Carl Hanser Verlag, München, 2007, S. 212), entsprechend angebrachte Verhaltensweisen, um eine optimale, ergebnisorientierte zukünftige Versorgung des Unternehmens zu garantieren.

Ein Einkäufer könnte beispielsweise fünf verschiedene Gruppen möglicher Lieferanten unterscheiden:

1. **Risikolieferanten:** großer Ergebniseinfluss, hohes Einkaufsrisiko
2. **Potenziallieferanten:** großer Ergebniseinfluss, niedriges Einkaufsrisiko
3. **Leicht austauschbare Lieferanten:** niedrige Ergebniswirkung, niedriges Einkaufsrisiko
4. **Engpasslieferanten:** niedrige Ergebnisauswirkung, hohes Einkaufsrisiko
5. **Zukunftslieferanten:** Lieferanten, mit denen der Einkäufer im Moment noch nicht zusammenarbeitet, die jedoch zukünftig interessant werden könnten, z. B. aufgrund technologischer Zukunftsentwicklungen

---

Praxisbeispiel: Lieferantenanalyse

Ein Einkäufer aus der Industrie verfolgt, je nach seiner Einschätzung des jeweiligen Lieferanten, unterschiedliche Handlungsstrategien. Bei *Risikolieferanten* versucht er, die Abhängigkeit von nur einem Lieferanten abzubauen und nach möglichen Alternativlieferanten Ausschau zu halten. Bei *Potenziallieferanten* baut der Einkäufer die Geschäftsbeziehung stärker aus. Bei *leicht austauschbaren Lieferanten* sorgt er für eine reibungslose, effiziente Zusammenarbeit und bei *Engpasslieferanten* lässt er gegebenenfalls die zu beziehende Ware im eigenen Hause lagern, um die Liefersicherheit zu erhöhen. Mit *Zukunftslieferanten* tritt der Einkäufer frühzeitig in Kontakt, möglichst noch vor potenziellen Wettbewerbern, um sich deren innovative neue Ideen und Verfahren rechtzeitig und möglichst exklusiv zu sichern.

Mögliche Bedeutung für Sie

Wissen Sie momentan, in welche Lieferantenkategorie Sie die Einkäufer Ihrer Großkunden einordnen? Falls nicht, wäre es sicherlich eine gute Idee, dies einmal anzusprechen. Falls Sie beispielsweise feststellen sollten, dass Sie momentan – nach Einschätzung des Einkäufers – noch nicht zur Gruppe der Zukunftslieferanten gehören, fragen Sie bitte einfach, welche zusätzlichen Anforderungen Sie erfüllen sollten, um in den Kreis der strategisch wichtigen Zukunftslieferanten aufgenommen zu werden.

4.2.5 Lead-Buyer-Konzept

In großen Unternehmen wird die Beschaffung bestimmter Materialien oder Rohstoffe für unterschiedliche Abteilungen, Divisionen und Sektoren oft bei einem sog. Lead Buyer gebündelt. Das Lead-Buyer-Konzept verbindet die Vorteile des zentralen Einkaufs mit jenen des dezentralen Einkaufs: Die größere Abnahmemenge führt zu höheren Rabatten und der Einkäufer verfügt aufgrund seiner speziellen Erfahrung über großes Know-how in seinem zu beschaffenden Produktbereich. Der interne Kommunikationsaufwand zur Sammlung der Bedarfe und zur Durchführung des Sourcings ist zugleich relativ gering.

Praxisbeispiel: Lead-Buyer-Konzept

Der Lead Buyer eines Konzerns aus dem Automotive-Bereich ist beispielsweise für den weltweiten Einkauf aller Antriebssysteme zuständig. An ihm geht sozusagen kein Weg vorbei, wenn Sie ein Anbieter im Bereich der Antriebstechnik sind. Der Lead Buyer verfügt über Spezialkenntnisse im vertretenen Produktbereich und über ein ausgezeichnetes kaufmännisches und technisches Know-how. Seine Aufgabe besteht u. a. darin, ständig den Markt für Antriebssysteme zu scannen und rechtzeitig neue Entwicklungen und innovative Anbieter zu identifizieren.

Mögliche Bedeutung für Sie

Für Key Account Manager bzw. Vertriebsmitarbeiter ist es häufig zu Beginn einer Kundenbeziehung – gerade in der Zusammenarbeit mit Großunternehmen bzw. Konzernen – entscheidend, zuerst die relevanten Ansprechpartner im Einkauf bzw. die zuständigen Lead Buyer zu identifizieren und anschließend gezielt anzusprechen. Es kann u. U. Wochen dauern, bis der Verkäufer zum ersten Mal einen Termin beim zuständigen Lead Buyer erhält, der wirklich etwas entscheiden kann. Hier gilt es dann, v. a. dieses elementare Erstgespräch mit dem Lead Buyer ausgezeichnet vorzubereiten. Anregungen zur gekonnten Vorbereitung von Präsentationen vor Entscheidern finden Sie auch in Abschn. 8.7.

4.2.6 Failure-Mode-and-Effects-Analyse

Mithilfe der Failure-Mode-and-Effects-Analyse (FMEA), also der Fehlermöglichkeits- und Einflussanalyse, gelingt es dem Kunden, gemeinsam mit seinen Lieferanten potenzielle Fehler- und Gefahrenquellen frühzeitig, bereits in der Konzeptions- bzw. Entwicklungsphase von Gütern bzw. Prozessen, zu identifizieren, gegebenenfalls im Vorfeld zu vermeiden bzw. kurzfristig zu beseitigen, bevor fehlerhafte Produkte bzw. Leistungen auf den Markt kommen.

Praxisbeispiel: Failure-Mode-and-Effects-Analyse

Der Einkäufer eines Unternehmens aus der Luftfahrtbranche sowie seine Kollegen aus der Qualitätsmanagement- und Sicherheitsabteilung setzen sich bereits während der Sondierungsphase zu einem neuen Projekt, der Entwicklung eines neuen Betankungssystems für Flugbenzin, mit den zuständigen Fachleuten aus der Entwicklungs-, Konstruktions- und Qualitätsabteilung des Kunden zusammen, um potenzielle Fehlermöglichkeiten bzw. Risiken rechtzeitig zu erörtern und die Struktur des Projekts sowie passende Maßnahmen zur Vermeidung drohender Gefahren zu analysieren. Im Team werden mögliche Fehlerorte, -varianten und -folgen sowie deren Ursachen besprochen und schriftlich festgehalten.

Mögliche Bedeutung für Sie

Gerade bei großen Projekten im technischen Bereich macht es auf Ihren Kunden sicherlich einen sehr guten Eindruck, wenn Sie aus Sicherheits- und Qualitätsgründen bereits in der Vorprojektierungsphase von sich aus eine FMEA, gegebenenfalls gegen eine entsprechende Entlohnung, vorschlagen. Sollte Ihr Kunde diese Idee akzeptieren, erhalten Sie bereits während der FMEA viele wertvolle Informationen, die Sie dann im eigentlichen Projekt und eventuell auch später für Folgeaufträge nutzen können.

4.2.7 E-Collaboration

Unter E-Collaboration versteht man die webbasierte Zusammenarbeit jener Partner auf der Kunden- und Lieferantenseite bzw. auch externer Dritter, die in einem Projekt involviert und an der Wertschöpfungskette beteiligt sind.

Da sich Kundenanforderungen oft schnell ändern und Produkte und Prozesse immer komplexer werden, ist es für Unternehmen häufig ratsam, intensiv mit Lieferanten zusammenzuarbeiten. Das geschieht oft in Form der E-Collaboration:

In virtuellen Projekträumen oder mithilfe von Datenbanken werden Informationen ausgetauscht und wichtige Fakten und Erkenntnisse zusammengeführt. Dies kann zur Entwicklung von Produktinnovationen führen, v. a. aber reduzieren sich die Produktionskosten, denn durch den Zugriff auf eine breitere Know-how-Basis werden kostspielige nachträgliche Änderungen bzw. Optimierungen vermieden. Während in einigen Konzepten des E-Sourcings der Schwerpunkt auf einem vermehrten und für den Einkäufer transparenteren Wettbewerb liegt, setzt die E-Collaboration auf den Synergieeffekt durch die enge Zusammenarbeit des Lieferanten mit dem einkaufenden Unternehmen.

Der Beschaffungsprozess ist hierbei nicht ausschließlich auf das zu beschaffende Produkt bzw. die Leistung, sondern auch auf die Lieferanten selbst fixiert. Man versucht, gemeinsam mit den Anbietern Kostenvorteile zu schaffen. Diese können sowohl elektronisch-administrativer Art sein, als auch die Fertigung der Ware bzw. die Erbringung der Dienstleistung selbst betreffen.

Bei E-Collaborations, die nur auf elektronisch-administrativer Ebene bestehen, werden häufig Datenaustauschformate bzw. EDV-Schnittstellen und die entsprechenden Backend-Systeme angepasst. Dadurch wird die Bedarfsplanung und Beschaffung effizienter gestaltet und automatisierbarer.

E-Collaborations, die sich auf die Ware selbst beziehen, haben dabei meist mit der Entwicklung bzw. Konstruktion von Teilen zu tun. Der Lieferant und der Einkäufer arbeiten so Hand in Hand, dass sich die angelieferten Teile perfekt in das Endprodukt des Abnehmers eingliedern.

Praxisbeispiel: E-Collaboration

Ein Hersteller von Armaturen für Rohrnetze hat aus Befragungen der Monteure seiner Kunden erfahren, dass manche Armaturen in dunklen Rohrnetzen schlecht sichtbar und dadurch auch schwierig für die Servicemitarbeiter zu bearbeiten sind. Deshalb beschließt der Hersteller, eine selbstleuchtende bzw. fluoreszierende Armatur zu entwickeln, die dieses Problem löst. Dazu initiiert der Produzent gemeinsam mit seinem Hauptlieferanten und einem erfahrenen externen Planungsbüro ein E-Collaboration-Projekt. Die beteiligten Partner tauschen erste Ideen sowie später detailliertere Daten zur Konstruktion und zum Projektmanagement digital aus. Dies ist nur möglich, da alle Beteiligten dieselben oder zumindest gut miteinander kombinierbare EDV-Systeme nutzen.

> Die Bindung zwischen Kunde und Lieferant bzw. Abnehmer und externen Partnern ist bei unserem E-Collaboration-Beispiel durch den engen Austausch und die gemeinsam aufgebauten Systeme zum Informationsaustausch relativ hoch. Letztendlich führt die E-Collaboration zum Erfolg: Es gelingt, die erste selbstleuchtende Armatur erfolgreich zu entwickeln und auf den Markt zu bringen.

Mögliche Bedeutung für Sie

Haben Sie schon einmal darüber nachgedacht, welch ein wunderbares Instrument zur Stärkung der Kundenbindung das aktive Anbieten der E-Collaboration bei geeigneten und für die Thematik offenen Kunden für Sie sein könnte?

4.2.8 Category Management

Unter dem Begriff Category Management versteht man die systematische Optimierung des Warensortiments.

Häufig sind einzelne Category Manager für bestimmte Warengruppen zuständig und dabei beratend als Vermittler zwischen der Kunden- und Lieferantenseite tätig. Dabei erstellt der Category Manager Untersuchungen über die Struktur und die Einteilung der einzelnen Warengruppen, z. B. nach den Kriterien Herkunft, Einsatzzweck, Preisgruppe etc. Ein Category Manager analysiert u. a. auch die derzeitigen und die idealen Laufwege der Kunden in einem Supermarkt.

Letztendlich geht es dabei um eine ganzheitliche Optimierung des Findens, der Präsentation und des Kaufs bestimmter Güter. Ein gutes Category Management basiert auf fundiertem statistischem Datenmaterial. Häufig werden neue Konzepte des Category Managements zuerst im kleinen Rahmen – beispielsweise in einem einzelnen Markt – getestet und bei Erfolg entsprechend ausgeweitet.

Praxisbeispiel: Category Management

Der Category Manager eines großen Handelsunternehmens im Spielzeugbereich hat bei seiner Analyse der Laufwege der Kunden eines großen Spielzeugmarkts festgestellt, dass es sinnvoll wäre, gerade kleine Spielsachen, wie Quartett-Spiele oder Jo-Jos, nicht nur im bisher genutzten Regal im hinteren Bereich des Markts, sondern zusätzlich auch als Mitnahme- und Beruhigungsartikel für quengelnde Kinder direkt an der Kasse anzubieten. Diese Idee wird zunächst in einem repräsentativen Spielzeugmarkt getestet. Der Erfolg ist groß. Die Absatzzahlen der Kleinspielzeuge steigen um rund ein Drittel und die Freude darüber sowohl beim Spielzeughersteller als auch beim Marktbetreiber ist groß. Man entschließt sich, das neue Konzept auf alle Märkte auszuweiten.

Mögliche Bedeutung für Sie

Manche Lieferanten, insbesondere aus dem Handel und vielleicht auch Sie, können das Category Management als externe Dienstleistung, zur Analyse von Verbesserungschancen und zur Steigerung des eigenen und des Absatzerfolgs Ihrer Kunden anbieten und dadurch die Kundenbindung erhöhen.

4.2.9 Strengths-Weaknesses-Opportunities-Threats-Analyse

Die Strengths-Weaknesses-Opportunities-Threats(SWOT)-Analyse (Stärken-Schwächen-Chancen-Gefahren-Analyse) ist eine weit verbreitete, ursprünglich an der Harvard Business School entwickelte, Bewertungsmethode. Einkäufer wenden sie beispielsweise zur Bewertung potenzieller neuer Lieferantenbeziehungen oder auch bei der Auswahl neu einzukaufender, innovativer Leistungen bzw. Produkte an.

Praxisbeispiel: SWOT-Analyse

Ein Beschaffungsverantwortlicher aus der Fahrradindustrie nimmt beispielsweise eine SWOT-Analyse zur Bewertung einer neuen potenziellen Lieferantenbeziehung vor. Dabei stellt er Folgendes fest:

1. Stärken: Der Anbieter verfügt über langjähriges Know-how in der Fabrikation von Fahrrädern und ausgebildete Fachkräfte in der Montage.
2. Schwächen: Der Lieferant arbeitet bereits für einen der größten Wettbewerber des Fahrradproduzenten. Darüber hinaus ist die Lieferzeit aus Asien im Vergleich zum Bezug bei inländischen Lieferanten sehr lang.
3. Chancen: Eine gute Gelegenheit zur Zusammenarbeit, nicht nur auf der Produktions-, sondern auch auf der Vertriebsseite, könnte sich durch die guten Kontakte des Lieferanten zu interessanten Handelspartnern im asiatischen Raum ergeben.
4. Gefahren: Ein potenzielles Risiko sieht der Einkäufer in der Gefahr der Know-how-Abwanderung, da er im Zuge der Auslagerung der Produktion auch die Pläne eines innovativen, besonders leistungsfähigen Akkuantriebs für neue E-Bikes aus der Hand geben müsste.

Mögliche Bedeutung für Sie

Die SWOT-Analyse kann für Sie ein interessantes Modell sein, um Ihr Angebot intern, also vor der Übergabe an den Einkäufer, völlig offen und ehrlich unter den vier genannten Aspekten zu diskutieren, um mögliche Optimierungschancen, auch im Vergleich zur Konkurrenz, zu entdecken.

4.2.10 Due-Diligence

Beim Einkauf von Waren und Leistungen mit einem hohen Auftragsvolumen spielt die Due-Diligence (Sorgfaltspflicht) in vielen Branchen eine zunehmend wichtige Rolle.

Im Rahmen einer Due-Diligence-Analyse werden die einzukaufenden Objekte, Unternehmen bzw. Immobilien oder Aktienpakete einer eingehenden Prüfung im Hinblick auf vorhandene Schwächen bzw. Stärken unterzogen. Dabei werden neben den rechtlichen Aspekten auch zahlreiche weitere Probleme eines zum Verkauf stehenden Unternehmens bewertet, z. B. finanzielle, umweltbedingte, personelle oder auch den Kundenkreis betreffende Risiken.

Praxisbeispiel: Due-Diligence

Ein Unternehmer aus der Lüftungstechnik, der bereits ein inländisches Produktionswerk besitzt, erfährt per Zufall von einem zum Verkauf stehenden Unternehmen aus dem Heizungs- und Lüftungsbau. Durch einen plötzlichen Todesfall des Inhabers steht das Unternehmen mit 20 Mitarbeitern zum Verkauf. Im Erstgespräch stellt sich heraus, dass die Witwe des ehemaligen Inhabers eine in den Augen des Käufers sehr hohe Kaufpreisvorstellung im einstelligen Millionenbereich hat. Im Rahmen einer Due-Diligence-Prüfung, die der Käufer durch externe Berater durchführen lässt, ergibt sich folgendes Bild: Das Wertvollste an dieser zum Verkauf stehenden Firma ist nicht etwa das Firmengebäude oder das Lager, sondern der seit Jahren treue Kreis etablierter Stammkunden, die auch in Zukunft Bedarf an Heizungs- und Lüftungsleistungen haben. Die Verkäuferin geht von einem hohen Preis für das Gebäude aus und ist verwundert darüber, dass die Due-Diligence-Berater dem Unternehmer empfehlen, das Gebäude nicht zu erwerben, sondern zu einem marktüblichen Preis zu mieten. Rechtliche Risiken ergibt die Due-Diligence-Prüfung v. a. bei der Übernahme alter Bankbürgschaften des vorherigen Besitzers sowie bei der Fortschreibung der Arbeitsverträge älterer, langjähriger Mitarbeiter inklusive entsprechender Pensionsverpflichtungen. Letztendlich erhält die Verkäuferin den Vorschlag des Käufers, das Gebäude zu mieten, alle bestehenden Mitarbeiter – allerdings mit neu vereinbarten Anstellungsverträgen – zu übernehmen und für die auf Lager liegenden Ersatzteile sowie die Fahrzeuge und den Kundenkreis eine angemessene Summe zu bezahlen.

Die Verkäuferin zögert zunächst, das Angebot zu akzeptieren. Doch da es keinen anderen Interessenten für den Betrieb gibt und sie selbst über zu wenig fachliches Know-how zur Führung des Unternehmens verfügt, akzeptiert die Witwe schließlich den Verkauf des Betriebs zum Kaufpreis, den die Due-Diligence-Prüfung ergeben hat.

Mögliche Bedeutung für Sie

Durch eine Due-Diligence-Analyse im Vorfeld des Abschlusses eines größeren Kaufvertrags vermeiden Sie v. a. emotionale Schnellschüsse. Sie legen sich noch nicht endgültig fest, sondern betrachten das Projekt zuerst einmal ganzheitlich von allen Seiten und lernen dabei Ihre Vertragspartner besser kennen.

4.2.11 Bedarfsklassifikation

Für die Bedarfsstrukturierung ist ein durchdachtes System von Bezeichnungen der verschiedensten Materialgruppen bis ins möglichst kleine Detail erforderlich. Hierfür haben verschiedene Anbieter unterschiedliche Strategien entwickelt.

Im Grunde sind die Klassifikationen nach einem ähnlichen Muster aufgebaut. Es beginnt mit einer grundsätzlichen Unterscheidung der Beschaffungsobjekte.

Dabei wird zuerst der Unterschied zwischen Beschaffungsgütern und Beschaffungsdienstleistungen definiert. Anschließend werden die definierten Gruppen mit einem spezifizierten Datenschlüssel versehen und in ein ERP-System integriert. Manche Firmen setzen hierbei auf selbst entwickelte Materialgruppenstrukturen, die für den externen Betrachter oft nicht sofort einsichtig sind, da die Strukturen sehr individuell gewählt werden können. Falls eine Listung im Beschaffungskatalog eines solchen Unternehmens eine Option für Sie darstellt, sollten Sie sich unbedingt über die kompletten Datenschlüssel innerhalb des unternehmenseigenen ERP-Systems aufklären lassen, um zu verstehen, wie und inwieweit Sie bzw. Ihre Angebote gelistet werden und ob auch alle Abteilungen des zu beliefernden Unternehmens einen eindeutigen Zugriff auf Ihre Angebote haben. So kann z. B. ein Filzmarker, der im Bereich Bedarfsmittel – Büro – Schreibutensilien – Stifte gelistet ist, einfacher gefunden werden als jener Marker, der unter Bedarfsmittel – Büro – Präsentationen – Whiteboardzubehör aufgeführt wird.

Praxisbeispiel: Klassifikation mit dem ETIM-Modell

Das ETIM-Modell (ETIM Technisches Informations-Modell) ist ein frei verfügbarer internationaler Standard zur Klassifikation von Produkten und wird in Deutschland durch den Verein ETIM Deutschland e. V. vertreten.

Dieses System wurde zu Beginn für die Elektrobranche in Europa konzipiert, mittlerweile ist es in aktuell 19 Ländern (mit USA und Kanada auch außerhalb Europas) und weiteren Branchen verbreitet (Sanitär-, Heizungs- und Klimabranche, Baubranche, Branche Schiffbau). Es existieren zahlreiche Kooperationen, wie z. B. zu anderen Klassifikationsstandards wie eCl@ss oder profiCl@ss bzw. zu Verbänden und Organisationen, wie dem ZVEI, pi/ceced, buildingSMART und weiteren.

Die Abb. 4.5 verdeutlicht die ETIM-Klassifizierung anhand eines Kabelbinders.

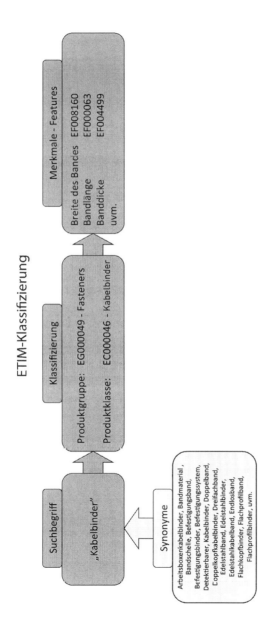

Abb. 4.5 Klassifizierung nach dem ETIM-Modell anhand eines Kabelbinders (nach ETIM, Version 6.0, mit freundlicher Genehmigung des ETIM Deutschland e. V.). (Quelle: Frei nach ETIM, Version 6.0)

Mögliche Bedeutung für Sie
Entscheidend für Sie als Anbieter ist es v. a. zu erfragen, welches System bzw. welchen Standard zur Klassifikation Ihre Kunden bzw. die Einkäufer, mit denen Sie zusammenarbeiten, einsetzen. Selbstverständlich ist es für viele Kunden ein Vorteil, wenn Sie ihnen die Zusammenarbeit durch den Einsatz derselben Klassifikation zur Bedarfsstrukturierung so bequem wie möglich machen.

4.2.12 Benchmarking

Benchmarking ist ein Instrument, das Einkäufer häufig einsetzen. Man unterscheidet zwischen internem und externem Benchmarking. Ersteres meint die Untersuchung vergleichbarer Prozesse im eigenen Konzern (z. B. die Effizienz der Bestellabwicklung in zwei Einkaufsabteilungen). Bei Letzterem werden externe Vergleichsdaten herangezogen, z. B. die Einkaufsperformance in dem Unternehmen, das der Einkäufer vertritt, und bei Wettbewerbern aus seiner Branche.

Im Benchmarking-Prozess wird nach der sog. Best Practice gesucht. Die Best Practice kann ein Produkt, eine Dienstleistung, ein Einkaufs- bzw. Produktionsprozess oder ein Unternehmen sein. Best-Practice-Prozesse können teilweise auch von anderen Branchen auf die eigene übertragen werden. Häufig ist ein globales Benchmarking nicht möglich, da entweder nicht alle Konkurrenten bekannt sind oder aber das Benchmarking zeitlich zu aufwändig wäre. Man untersucht in diesem Fall nur bekannte Unternehmen und spricht dann von der sog. Successful Practice. Das Konzept des Benchmarkings wurde ursprünglich von Wirtschaftsprüfern für den Betriebsvergleich angewandt.

> **Praxisbeispiel: Benchmarking**
>
> Ein Einkäufer aus dem Maschinenbau versucht bei einer Benchmarking-Analyse, bestehende Unterschiede und Optimierungschancen durch den Vergleich mit führenden Unternehmen zu erkennen. Er passt sich somit der Best Practice an und implementiert diese, in Zusammenarbeit mit anderen Beteiligten, im eigenen Unternehmen bzw. bei seinen Lieferanten. Damit schließt er die Leistungslücke zu führenden

Wettbewerbern bzw. Anbietern. Dabei geht der Einkäufer beispielsweise in folgenden fünf Schritten vor:

1. *Zielsetzung des Benchmarkings*
2. *Auswahl des Vergleichsobjekts* (z. B. einer Dienstleistung, eines Produkts oder eines Prozesses im eigenen Haus oder bei einem Lieferanten)
3. *Quantitatives Benchmarking* (Datengewinnung, Analyse der erhobenen Daten, Erstellung von Rankings)
4. *Qualitatives Benchmarking* (Analyse des Vergleichsobjekts und Ableitung der Best Practice sowie der Leistungslücke und deren Ursachen)
5. *Umsetzung und Implementierung* der Best Practice im eigenen Unternehmen

Mögliche Bedeutung für Sie

Wenn Sie erfahren, dass ein für Sie relevanter Einkäufer einen Benchmarking-Vergleich aufstellt, liefern Sie ihm doch einfach zur Unterstützung entsprechende Leistungsdaten aus Ihrem Haus.

Sofern Sie dadurch nicht zu viel von Ihren Kalkulations- bzw. Knowhow-Details verraten, spricht nichts dagegen.

Transfer in die Praxis

- Kennen Ihre Vertriebsmitarbeiter die wichtigsten Konzepte moderner Einkäufer zur Kostensenkung und zum Umgang mit Lieferanten?
- Teilweise können Sie als Anbieter bestimmte Verfahren der Einkäufer, wie z. B. das Design-to-Cost-Prinzip oder die E-Collaboration, auch aktiv als Basis für den Austausch von Ideen und das gemeinsame Erarbeiten neuer Chancen nützen, um die Bindung zu Ihrem Kunden weiter zu stärken.

Verwendete Literatur

Gienke, H., und R. Kämpf. 2007. *Handbuch Produktion. Innovatives Produktionsmanagement: Organisation, Konzepte, Controlling.* S. 212. München: Carl Hanser Verlag.

5

Digitale Einkaufsverfahren

Was Sie aus diesem Kapitel mitnehmen

Befassen Sie sich bereits mit digitalen Einkaufsverfahren? Ist Ihnen der Ablauf eines RfX-Prozesses bekannt? Digitale Einkaufssysteme werden immer bedeutsamer. Lieferanten, die sich daran rechtzeitig beteiligen, werden auf Dauer mehr Anfragen erhalten.

Die Digitalisierung ist für viele Unternehmen und Vertriebsmitarbeiter die größte Herausforderung unserer Zeit. Sie ändert die Art des Präsentierens und des Ein- und Verkaufens grundlegend.

Sie erhalten einen Einblick in das digitale E-Procurement. Sie lernen die wichtigsten Systeme des elektronischen Einkaufs kennen: vom lieferantenseitigen bis zum Marketplace-System.

Neben Informationen zu den E-Procurement-Varianten (E-Kataloge, elektronische Marktplätze etc.) erfahren Sie, wie Einkäufer eine elektronische Ausschreibung nach dem RfX-Verfahren durchführen.

© Springer Fachmedien Wiesbaden GmbH, ein Teil von Springer Nature 2018
C. Kober, *Die Verhandlungsmethoden der Einkäufer,*
https://doi.org/10.1007/978-3-658-22548-3_5

5.1   E-Procurement – Krise oder Chance?

Die Angst vor den Themen E-Procurement sowie Online-Auktionen ist in Verkäufer- und Unternehmerkreisen groß. Teilweise ist diese Furcht auch durchaus berechtigt. Denn elektronische Sourcing-Prozesse und Auktionen schaffen häufig eine globale Transparenz der Preise und Leistungen. Einige Unternehmen haben auch nach wie vor Bedenken, an Online-Marktplätzen bzw. -Auktionen teilzunehmen. Folgende Einwände werden dabei häufig geäußert:

- Elektronische Beschaffungsprozesse und Auktionen ersetzen die Verkäufer
- Es zählt nur noch der Preis
- Entscheidungen, die früher persönlich am Tisch des Kunden getroffen wurden, verzögern sich
- Online-Auktionen sind nicht fair
- Es entstehen höhere Kosten im IT-Bereich, im Katalogmanagement und bei der Klassifizierung von Produkten zur Verwendung in Multilieferantenkatalogen

Doch alle diese Bedenken ändern nichts an der Tatsache, dass der elektronische Einkauf stark zunimmt. Diesen Megatrend einfach nicht zu beachten, wäre sicherlich verkehrt. Man kann die digitale Einkaufswelt nun einmal entweder als Krise oder als Chance verstehen.

Die Abb. 5.1 erläutert den fünfstufigen Ablauf des E-Procurements.

5.2   Varianten des E-Sourcings

E-Sourcing bzw. Electronic Purchasing ist die Beschaffung von Gütern oder Leistungen mithilfe elektronischer Systeme oder des digitalen Austauschs von Daten, hauptsächlich im B2B-Bereich. Der Begriff E-Sourcing umschreibt somit eine Kombination elektronisch basierter Methoden zur Lieferantenfindung sowie zur Durchführung digitaler Verhandlungen im Einkauf. Durch die Nutzung dieser Verfahren

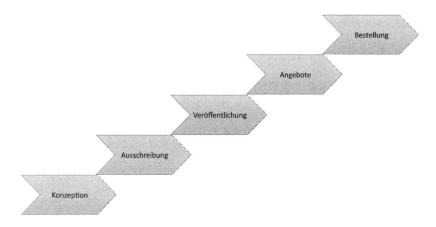

Abb. 5.1 Die fünf Stufen des E-Procurements. (Quelle: Eigene Darstellung)

kann die Effizienz in der Beschaffung enorm gesteigert werden. Es können parallel mehrere Anfragen an Lieferanten gestellt und Angebote einfacher und schneller verglichen werden. In E-Auctions konkurrieren Anbieter häufig sogar in einem direkten Bieterverfahren in Echtzeit miteinander, während dies früher noch die aufwändige händische Koordinationsarbeit eines Mitarbeiters im Einkauf erforderte.

Es werden grundsätzlich drei Arten des E-Sourcings unterschieden

1. **Geschlossene Systeme (ein Lieferant und ein Kunde):**
   Hier erfolgt die Kopplung des Lieferantensystems mit dem des Einkäufers. Durch die Einführung des einheitlichen Katalogstandards BMEcat wurde die Abstimmung, im Vergleich zu früher, vereinfacht. Trotzdem ergeben sich in der Praxis bei der Vernetzung v. a. dann Probleme, wenn nicht beide Partner die gleiche Software bzw. eine einheitliche Schnittstelle verwenden. Häufig wird zur Übertragung der Daten das neutrale XML-Format verwendet.
2. **Halboffene Systeme (ein Lieferant und mehrere Kunden):**
   Halboffene Systeme sind meist lediglich im Intranet des Lieferanten verankert und im Großhandel weit verbreitet. Beispielsweise können hier die zahlreichen Kunden eines Großhändlers über einen herkömmlichen Internetzugang die Bestellprozesse einsehen bzw. auslösen.

3. **Offene Systeme (viele Lieferanten und viele Kunden):**
Offene Systeme sind weder im Intranet bzw. dem Netzwerk des Lieferanten noch in dem des Einkäufers integriert, sondern bieten den Zugang direkt über das offene Internet. Sie enthalten regelmäßig zu aktualisierende Katalogdaten und werden häufig, jedoch nicht ausschließlich, im Bereich von C-Artikeln (beispielsweise für den Bezug von Büromaterial o. Ä.) bzw. zur Deckung indirekter Bedarfe eingesetzt.

5.3   Vor- und Nachteile des E-Sourcings

Grundsätzlich bietet das E-Sourcing durchaus Vorteile, wie beispielsweise die folgenden:

- Elektronische Abwicklung und Standardisierung der Einkaufsprozesse
- Erhebliche Einsparmöglichkeiten bei den Prozesskosten
- Niedrigere Transaktionskosten, verglichen mit einer händischen Ausschreibung
- Zeitersparnis
- Weltweite Interaktion möglich
- Stärkere Bindung zwischen Kunde und Lieferant
- Senkung der Bestellzeiten und -kosten
- Einheitlichere Strukturierung der Zusammenarbeit zwischen Einkäufern und Lieferanten
- E-Sourcing kommt dem hohen Informationsbedarf des Einkäufers und seiner Lieferanten entgegen
- Informationen müssen nicht mehr so oft manuell bearbeitet werden wie früher
- Prozesse können schneller abgewickelt werden
- Zeitliche Entlastung des Einkaufs; durch die Zeitersparnis können sich Einkäufer verstärkt auf strategische Aufgaben konzentrieren

Auf der anderen Seite lassen sich auch einige Nachteile des E-Sourcings anführen:

- Großer Zeitaufwand in der Anfangsphase der Implementierung
- Aufgrund der relativ hohen Einführungs- und Softwarekosten teilweise nur für größere Unternehmen bzw. Bedarfe rentabel
- Verzögert teilweise Entscheidungen
- Ersetzt u. U. den Verkäufer
- Die Preistransparenz steigt, es zählt verstärkt nur noch der Preis

5.4 Systeme des elektronischen Einkaufs

Innerhalb des elektronischen Einkaufs unterscheidet man zudem verschiedene Systeme, je nachdem wer den digitalen Kanal zur Verfügung stellt, entweder der Lieferant oder der Kunde, oder ob es sich um ein Marketplace-System handelt.

Lieferantenseitige Systeme – Sell-Side-System
Beim Sell-Side-System erstellt der Lieferant einen elektronischen Transaktionskanal für seine Kunden. Dies kann eine Onlineshoplösung oder ein geschlossenes System sein. Die meisten lieferantenseitigen Systeme sind frei zugänglich. Jedoch kann es auch durchaus vorkommen, dass eine Registrierung im Vorfeld erforderlich ist, um am lieferantenseitigen Transaktionskanal teilzunehmen. Für den Einkäufer ist hierbei der direkte Vergleich verschiedener Anbieter recht schwierig. Auch im Hinblick auf die Automatisierung von Bestellprozessen ist die Sell-Side-Lösung eher fraglich, da verschiedene Anbieter individuell gestaltete Lösungen anbieten, die unterschiedlich navigiert werden müssen. Eine Anbindung an ein bestehendes Backend-System des Einkäufers ist meist nicht möglich.

Kundenseitige Systeme – Buy-Side-System
Dem Sell-Side-Konzept steht das Buy-Side-Prinzip diametral gegenüber. Hier erstellt der Kunde bzw. Einkäufer die elektronische Infrastruktur in Form eines Katalogsystems. Hier können nun verschiedene Anbieter ihre Waren einstellen. Dies kann wiederum ein offenes oder geschlossenes System sein. Meist ist es geschlossen und der Zulieferer sollte sich gegebenenfalls zunächst registrieren und überprüfen lassen,

bevor er seine Waren im unternehmensinternen Katalog anpreisen darf. Um im elektronischen Katalog gelistet zu werden, müssen Güter meist in ihren einzelnen Warengruppen genau strukturiert und in einer bestimmten Form bzw. einer speziellen Markup Language zur Produktcharakterisierung angegeben werden.

Dadurch erhält der Einkäufer die Möglichkeit, ähnliche Produkte verschiedener Anbieter zu vergleichen. Bei der Buy-Side-Lösung achten Einkäufer darauf, dass sich ihr Katalogsystem nahtlos in die bestehenden IT-Systeme eingliedert und dadurch die Effizienz erhöht wird.

Marketplace-Systeme

Marketplace-Systeme gibt es sowohl produkt- als auch bedarfsbezogen. Im Folgenden werden die Unterschiede beider Ausprägungen, auch anhand praktischer Beispiele, näher erläutert.

Produktbezogene Marketplace-Systeme

Bei einem produktbezogenen, externen Marketplace-System werden die Artikel mehrerer Anbieter nicht auf der unternehmenseigenen Homepage bzw. im eigenen Onlineshop gezeigt, sondern auf der elektronischen Plattform eines Dritten gelistet. Dieses externe dritte Unternehmen ist darauf spezialisiert, Produkte – beispielsweise für Kunden aus einer speziellen Branche – anzubieten. Hierzu sammelt es die Angebote geeigneter Unternehmen. Dies könnte z. B. eine Plattform mit den Produkten unterschiedlicher Lieferanten für Büromaterial sein. Dadurch erhält der Einkäufer die Möglichkeit, beispielsweise die Bürostühle mehrerer geeigneter Anbieter und deren Preise und Lieferkonditionen direkt miteinander zu vergleichen, ohne selbst ein eigenes Katalogsystem dazu erstellen bzw. pflegen zu müssen. Unter Umständen kann der Einkäufer die Bestellung der ausgewählten Artikel auch gleich im System ausführen.

Bedarfsbezogene Marketplace-Systeme

Bei bedarfsbezogenen Marketplace-Systemen können verschiedene Nachfrager ihre Bedarfe individuell ausschreiben und um die entsprechenden Offerten der gelisteten Lieferanten bitten. Beispielsweise könnte dies ein Marketplace zur Deckung eines bestimmten Bedarfs an Drucksachen sein. Der Einkäufer spezifiziert seine Anfrage, z. B. 10.000

Notizblöcke, vierfarbig bedruckt à jeweils zehn Seiten, 90-Gramm-Papier (matt gestrichen) sowie 12.000 zweifarbige Visitenkarten usw. Anschließend veröffentlicht er seine Anfrage online im System und ruft interessierte vertretene Anbieter zur Abgabe ihres Angebots auf.

5.5 Varianten des E-Procurements

Grundsätzlich lassen sich u. a. folgende Arten des modernen E-Procurements unterscheiden:

- **Elektronische Kataloge** (E-Catalogues)
- **Digitale Marktplätze** (E-Markets)
- **Elektronische Ausschreibungen** (E-RfX)

Die genannten Varianten des E-Procurements werden im Folgenden näher erläutert. Auf elektronische Auktionen als zusätzliches Werkzeug im E-Procurement gehe ich in Kap. 6 ein.

5.5.1 Elektronische Kataloge

Elektronische Kataloge (E-Catalogues) präsentieren das Angebot eines Unternehmens in virtueller Form.

Sie sind eine der einfachsten Formen der E-Procurement-Quellen und enthalten digitale Beschreibungen und Ansichten der Produkte bzw. Leistungen eines Anbieters bzw. eines Lieferantenverbunds. Hier werden die Waren anhand eines einheitlichen Schlüssels katalogisiert und so eindeutig definiert. Je genauer die Spezifikationen und die angegeben Daten sind, desto besser kann sich der Einkäufer ein Bild vom Angebot machen.

Durch die Standardisierung von Produktdaten können angebotene Güter vom Verkäufer schnell und bequem in interne Systeme und Kataloge des Einkäufers eingebunden werden. Dadurch tragen sie dazu bei, den Einkauf effizienter und zeitsparender zu gestalten. Ein Lieferant sollte dabei besonders darauf achten, dass die verwendeten elektronischen Daten und Schlüssel immer aktuell gehalten und regelmäßig überprüft werden.

5.5.2 Digitale Marktplätze

Für viele Güter bzw. Leistungen existieren bereits umfassende Online-Marktplätze (E-Markets). Der erste Schritt des Einkäufers besteht meist darin, eine Übersicht über die beschaffungsseitige Preissituation bezüglich einer bestimmten Ware oder Dienstleistung zu erstellen. Dies gelingt am einfachsten über die Auswertung von Online-Marktplätzen, die direkt verschiedene Anbieter und deren Preise – teilweise weltweit vergleichbar und sehr transparent – aufzeigen.

> Eine Listung in wichtigen Online-Marktplätzen seiner jeweiligen Branche kann für einen Anbieter einen essenziellen Wettbewerbsvorteil darstellen. Denn nur wer gelistet ist, kann auch entsprechend von Einkäufern angefragt werden.

Es wird zwischen zwei verschiedenen Ausprägungen bei elektronischen Marktplätzen unterschieden:

- **Vertikale Marktplätze:** Diese umfassen die Produkte bzw. Leistungen einer bestimmten Branche (z. B. ein Marktplatz speziell für die Druckindustrie).
- **Horizontale Marktplätze:** Horizontale Marktplätze umfassen eine breite Produkt- bzw. Leistungspalette für Abnehmer aus verschiedensten Branchen. Es handelt sich um branchenübergreifende Einkaufsbörsen.

Elektronische Marktplätze lassen sich zusätzlich nach folgenden Kriterien unterscheiden:

- Art der gelisteten Güter bzw. Leistungen
- Vertretene Regionen
- Segmentierung der Zielgruppen bzw. Interessen
- Art des Zugangs: offen bzw. exklusiv
- Ausrichtung: eher verkaufs- oder einkaufsorientiert
- Optionen: mit Nachfrage-Bündelung oder ohne

- Preise: festes oder flexibles Preisverfahren
- Art der Bedarfsdeckung: eher zur kurzfristigen oder langfristigen Bedarfsdeckung geeignet

Kriterien für die Entscheidung zur Nutzung eines Online-Marktplatzes

Um die Entscheidung für oder gegen die Nutzung bzw. Teilnahme an einem digitalen Marktplatz zu treffen, können u. a. folgende Kriterien eine Rolle spielen:

- Ist eine finanzielle Beteiligung erforderlich?
- Werden Werbeschaltungen verpflichtend gefordert?
- Fällt ein Mitglieds- bzw. Jahresbeitrag an?
- Erhält der Betreiber eine prozentuale Umsatzbeteiligung bei erfolgreichen Abschlüssen? Dies erfordert eventuell die Offenlegung von Vertragsdetails.
- Welche vertraglichen Bindungen sind erforderlich?
- Gibt es eine Strafklausel bei einem vorzeitigen Ausstieg?
- Existiert eine begleitende und regulierende Instanz bzw. Kontrolle?
- Welche Qualifikationen und sonstigen Leistungsnachweise werden für die Anmeldung bzw. Teilnahme gefordert?
- Erfolgt eine Bewertung durch die Nutzer bzw. Kunden?

Beispiele für digitale Marktplätze

Im Folgenden finden Sie einige Beispiele für Online-Marktplätze, hoffentlich auch aus Ihrem Angebotssektor, selbstverständlich ohne Anspruch auf Vollständigkeit.

Für Unternehmen aus der Industrie:

- covisint.com
- globalsources.com
- veenion.de
- supplyon.com
- ingrammicro.eu

- alibaba.com
- surplex.com
- industrialweb.de

Für Unternehmen aus dem Automotive-Sektor:

- supralift.com
- worldparts.com

Für Unternehmen aus der Bauindustrie:

- bagger.de
- thinkproject.com
- baunetz.de
- conject.de
- construction.com

Für Unternehmen aus dem Handwerk:

- my-hammer.de
- blauarbeit.de
- undertool.de

Für Aufträge der öffentlichen Hand:

- deutsche-evergabe.de
- vergabe24.de
- peppol.eu

Ein für viele Ver- bzw. Einkäufer interessantes Online-Werkzeug ist übrigens der deutsche Auftragsdienst (dtad.de). Diese Website bietet einen guten Marktüberblick. Hier finden Sie Ausschreibungen aus fast allen Branchen und Regionen sowie potenzielle Aufträge von mehr als 30.000 Vergabestellen. Auf Wunsch erhalten Sie dort täglich aktuelle Bedarfsausschreibungen per E-Mail. Als Einkaufsdatenbank im industriellen Bereich kann ich Ihnen folgende Website empfehlen: www. diedeutscheindustrie.de

5.5.3 Elektronische Ausschreibung

Die elektronische Ausschreibung E-RfX (Electronic Request for X) ist ein Instrument zur Anfrage und Ausschreibung eines bestimmten Bedarfs (hierfür steht als Platzhalter der Buchstabe X) im Einkauf.

Für diese Art von Anfragen wird häufig eine Procurement-Software verwendet, die die anschließende Auswertung einfacher macht. Beispielsweise werden Multiple-Choice-Fragen in den verschiedenen elektronischen Anfragen gestellt, da auf diese Weise die Antworten später einfacher zu vergleichen bzw. auszuwerten sind. Ziel ist es, den optimalen Zulieferer für die gewünschte Ware bzw. Dienstleistung herauszufiltern. Entscheidend für den Erfolg einer ERfX-Maßnahme sind, neben dem Komplexitätsgrad der angefragten Leistungen, nach wie vor (wie auch beim traditionellen Einkauf) Kriterien wie die Zuverlässigkeit, Lieferperformance und Leistungsfähigkeit eines Lieferanten. Der Platzhalter X im RfX-Prozess kann dabei folgende unterschiedliche Anfragearten bezeichnen:

Request for Information
Unter Request for Information (RfI) versteht man eine allgemeine Anfrage zu Informationen über einen Anbieter und sein Produkt- bzw. Leistungsspektrum.

Diese Anfrage wird an ein breites Spektrum an potenziellen Zulieferern gerichtet, um erste Informationen über sie zu erhalten. Anschließend kann, sofern sich ein geeigneter Zulieferer unter den angefragten befand, ein Request for Proposal (RfP) bzw. ein Request for Quotation (RfQ) vorbereitet werden. Der RfI kann dem Einkäufer zu Beginn dazu dienen, eine Datenbank möglicher Zulieferer aufzubauen. Die Informationen, die über einen RfI gesammelt werden, umfassen meist Folgendes:

- Informationen zum Zulieferer selbst, wie Lieferprogramm, Standort, Mitarbeiter, Leitbild und Referenzen
- Beschreibung von Zusatz- bzw. gegebenenfalls Serviceleistungen
- Infomaterial zu Innovationen und möglichen zukünftigen Entwicklungen

Ein RfI ist noch keine detaillierte Entscheidungsgrundlage zum Kauf, sondern eher dazu gedacht, Anbieter grundsätzlich zu vergleichen, um deren Leistungsfähigkeit besser einschätzen zu können.

Request for Proposal
Ein RfP ist eine spezifische Anfrage, z. B. mit folgenden Kriterien:

- Funktionale Anforderungen
- Konkrete Leistungsbeschreibungen
- Anforderungen an Prozesse und Schnittstellen
- Vertrags- und Personalaspekte

Der Lieferant kann hier eigene Vorschläge („proposals"), beispielsweise zur Leistungs- bzw. Produktoptimierung, aktiv einbringen.

Request for Quote
Ein RfQ ist eine Anfrage für ein konkretes, spezifiziertes und detailliertes Leistungs- und Preisangebot. Die Auswertung der einzelnen RfQ bietet die Möglichkeit, die Kosten verschiedener Zulieferer für die gewünschte Ware bzw. Dienstleistung zu vergleichen. Ein RfQ ist v. a. für die Beschaffung standardisierter, leicht austauschbarer Güter, sog. Commodities, geeignet. In einem RfQ werden alle nötigen Details festgehalten und dem potenziellen Lieferanten übermittelt, wie beispielsweise

- die Spezifikationen der angefragten Teile
- Zeichnungen und Beschreibungen
- Anzahl und Volumen der angefragten Güter bzw. Leistungen
- Qualitätskriterien
- Zahlungs- und Lieferbedingungen
- Vertragslaufzeit
- Vertragsentwurf

Je genauer die Angaben im RfQ sind, desto exakter können später die Zulieferer untereinander verglichen werden.

Request for Tender
Ein Request for Tender (RfT) ist eine Einladung an Lieferanten zu einer bestimmten Ausschreibung.

Einem RfT geht meistens ein RfI voraus. Passende Kandidaten werden dann mit einem RfT erneut angeschrieben. Ein RfT sollte stets genau definiert sein. Da der Einkäufer Informationen aus dem RfI bereits vorliegen hat, werden i. d. R. nur geeignete Zulieferer angefragt.

Ein RfT stellt eher eine Anfrage zur Machbarkeit der Leistung dar; d. h. ein Kunde hat klare Vorstellungen zu seinem Bedarf und möchte sich nun vergewissern, ob der angefragte Lieferant in der Lage ist, seine Vorstellungen zu realisieren. Der Unterschied zum RfQ besteht darin, dass der Einkäufer bei einem RfQ davon ausgeht, dass das gewünschte Produkt sowieso hergestellt werden kann und nun den Kostenrahmen dazu anfragt.

Ablauf des Electronic-Request-for-X-Prozesses
Ein Einkäufer aus der Industrie geht beim Einsatz elektronischer Ausschreibungen im RfX-Verfahren folgendermaßen vor:

1. Definition der Anforderungen bzw. Spezifikationen
2. Auswahl geeigneter Lieferanten
3. Klären der Preise und Verfügbarkeiten
4. Elektronische Bedarfsausschreibung im RfX-Verfahren
5. Bewertung der Angebote
6. Gegebenenfalls Durchführung eines Pre-Audits
7. Erstellung und Prüfung der Bestellung
8. Bestellübermittlung an den Lieferanten
9. Regelmäßige Überprüfung von Bestellstatus und Lieferzeiten
10. Lieferung
11. Prüfung der Ware bzw. Leistung
12. Begleichen der Rechnung

Innerhalb des RfX-Prozesses involvieren Einkäufer häufig auch Lieferanten mit hohem Qualitätsniveau aus Low-Cost-Countries, um für genügend Preisdruck zu sorgen.

Transfer in die Praxis

- Wurde Ihr Produkt- bzw. Leistungssortiment schon in Form eines E-Katalogs digital aufbereitet?
- Sind Sie bzw. Ihre Kollegen aus dem Vertrieb vertraut mit digitalen Einkaufs- bzw. Angebotsverfahren? Wurde der Umgang damit aktiv trainiert?
- Kennen Sie die wichtigsten E-Markets Ihrer Branche? Sind Sie mit Ihren Angeboten dort bereits entsprechend vertreten, damit auch neue potenzielle Kunden auf diesem Weg mit Ihnen in Kontakt treten können?

6

Elektronische Auktionen

Was Sie aus diesem Kapitel mitnehmen

Weltweite digitale Auktionen ermöglichen Ihnen den Zugang zu Kunden- bzw. Auftragspotenzialen in der ganzen Welt. Es lohnt sich deshalb, elektronische Auktionen nicht von vornherein abzulehnen und als Fluch zu sehen, sondern vielmehr als Chance zu erkennen.

Im ersten Teil dieses Kapitels werden die verschiedenen Arten elektronischer Auktionen (E–Auctions), von der Dutch Auction bis zur Cherry Picking Auction, vorgestellt.

Anschließend erhalten Sie einen Überblick über die Vorbereitung, Durchführung und Nachbereitung einer Online-Auktion. Abgeschlossen wird das Kapitel mit der Erörterung der Frage, wie Sie auf die wachsende Anzahl von Online-Auktionen als Unternehmer bzw. Verkäufer reagieren könnten.

6.1 Arten von Online-Auktionen

Die Dutch Auction bzw. holländische Auktion
Die Dutch Auction wird vom Verkäufer organisiert. Der Anbieter startet mit einer hohen Preisforderung. Der Preis sinkt stufenweise, bis ein Käufer den Preis akzeptiert oder der Ausstiegspreis (vom Verkäufer festgelegt)

© Springer Fachmedien Wiesbaden GmbH, ein Teil von Springer Nature 2018
C. Kober, *Die Verhandlungsmethoden der Einkäufer,*
https://doi.org/10.1007/978-3-658-22548-3_6

erreicht wird. Die Krux dabei ist, dass man nie weiß, wann plötzlich einer der Bieter den Preis akzeptiert und den Zuschlag erhält. Außer dem Preis kann es auch noch weitere relevante Kriterien bei der Dutch Auction geben. Diese Auktionsform wird teilweise online mit Bietern aus der ganzen Welt durchgeführt. Ihren Namen trägt sie deshalb, weil sie erstmals in Holland zur Versteigerung von Blumen angewandt wurde.

Reverse Auction bzw. Rückwärtsauktion
Die Reverse Auction bzw. Rückwärtsauktion ist ähnlich konzipiert wie die Dutch Auction, jedoch mit dem Unterscheid, dass hier i. d. R. der Einkäufer die Auktion durchführt.

Ein Einkäufer fordert via Internetauktionsplattform verschiedene Lieferanten zur Abgabe eines Angebots auf. Er fragt z. B. seinen Bedarf an Regalen für ein Betriebslager an und startet mit einer Preisvorgabe. Nun unterbieten sich die einzelnen Anbieter, bis nur noch einer übrig bleibt. Der günstigste Lieferant erhält den Auftrag. Beispielhaft hierfür ist www.myhammer.de, eine Auftragsplattform im handwerklichen Bereich.

Englische Auktion bzw. Forward Auction
Dies ist eine Auktion, wie sie beispielsweise bei eBay abläuft. Der Verkäufer startet mit einem niedrigen Mindestpreis. Anschließend überbieten sich die potenziellen Käufer gegenseitig. Dieses Verfahren wird häufig im B2C-Bereich eingesetzt.

Competitive Bidding
Beim Competitive Bidding handelt es sich um eine klassische elektronische Ausschreibung.

Das Ziel des ausschreibenden Einkäufers ist es, den Anbieter zu finden, der das beste Preis-Leistungs-Verhältnis bietet. Der Lieferant versucht hingegen, einen höchstmöglichen Preis anzusetzen, der gerade noch unter dem Angebot des billigsten Konkurrenten liegt. Man unterscheidet zwischen Open-Bid-Ausschreibungen, bei denen alle Angebote transparent bzw. sichtbar sind, und Sealed-Bid-Ausschreibungen, bei denen die Angebote der Wettbewerber nicht einsehbar sind.

Verdeckte Erstpreisauktion bzw. First Price Sealed Auction
Es werden einmal verdeckte Offerten abgegeben. Der Lieferant mit dem niedrigsten Gebot erhält den Zuschlag. Die Angebote der anderen Teilnehmer sind im Kreise der Anbieter nicht bekannt.

Vickrey-Auktion bzw. Second Price Sealed Bid Auction
Diese Zweitpreisauktion zeichnet sich dadurch aus, dass der Höchstbietende einer (verdeckten) Auktion zwar den Zuschlag erhält, allerdings nur den Preis des zweithöchsten Gebots zahlen muss. Die Bieter setzen dabei, eher als bei einer klassischen Auktion, einen Preis an, der ihrer tatsächlichen Wertvorstellung entspricht. Da die Idee auf den Nobelpreisträger William Vickrey zurückgeht, wird die Zweitpreisauktion auch Vickrey-Auktion genannt.

Japanische Auktion
Der Verkäufer erhöht bei dieser Auktionsform den Preis kontinuierlich in festgelegten Schritten. Die einzelnen Einkäufer entscheiden, ob sie weiter mitbieten. Der letzte Einkäufer, der noch im Rennen verbleibt, erhält den Zuschlag. Diese Auktionsform ist im asiatischen Raum eher verbreitet.

Parametric Auction
Dabei handelt es sich um eine mehrdimensionale, i. d. R. nicht automatisierte Auktion, bei der einzelne Leistungskriterien von den Lieferanten vorgegeben werden, wie z. B. Qualitätsparameter, Dienstleistungen, benötigte Stückzahlen, bestimmte Lieferintervalle und -zeiten etc.

Submission bzw. Ausschreibung
Bei einer Submission wird ein Bedarf öffentlich ausgeschrieben. Anschließend werden die Gebote verdeckt, ohne dass die einzelnen Bewerber die jeweils anderen Gebote kennen, in verschlossenen Umschlägen abgegeben. Das wirtschaftlichste Angebot erhält den Zuschlag.

Submissionen werden häufig dann durchgeführt, wenn keine klaren Marktpreise für die benötigten Güter bzw. Leistungen erörtert werden können, beispielsweise im Bausektor oder bei individuellen Anlagen im Maschinenbau bzw. bei spezifischen Bedarfen der öffentlichen Hand.

Öffentliche Auftraggeber sind verpflichtet, Bedarfe in Form einer öffentlichen Ausschreibung bekannt zu geben. Hierbei wird zwischen der beschränkten Ausschreibung an eine geringe Anzahl von wenigen Anbietern, die vorab ausgewählt wurden, und der unbeschränkten Ausschreibung an alle infrage kommenden Lieferanten unterschieden. Unter Umständen müssen dabei die Kriterien der Vergabe- und Vertragsordnung für Leistungen (VOL) bzw. Vergabe- und Vertragsordnung für Bauleistungen (VOB) sowie eventuelle Schwellenwerte, ab denen dann die europaweite Ausschreibung notwendig werden kann, berücksichtigt werden.

E-Vergabe
Bei der sog. E-Vergabe wird analog zur traditionellen Ausschreibung zuerst der Bedarf elektronisch bzw. digitalisiert veröffentlicht. Nach dem Einholen der Angebote und deren Bewertung erfolgt die Veröffentlichung der Ergebnisse in digitaler Form, in sog. E-Vergabeportalen.

Cherry Picking Auction
Bei dieser Auktionsart werden für mehrere Güter bzw. Leistungen Angebote von verschiedenen Anbietern abgegeben. Der Einkäufer pickt sich die preiswertesten Teilangebote in den einzelnen Bereichen heraus. Den Auftrag bzw. einzelne Teilaufträge können demnach verschiedene Lieferanten je nach ihrem Abschneiden in der einzelnen Produkt- bzw. Leistungsgruppe erhalten.

Gewichtete Auktion
Neben dem Preis werden bei der gewichteten Auktion weitere Leistungskriterien – wie beispielsweise die Erfahrung, vorhandene Referenzen und Alleinstellungsmerkmale sowie die Lieferfähigkeit eines Anbieters – berücksichtigt.

6.2 Ablauf von Online-Auktionen

Grundsätzlich ist es für Einkäufer bei der Vorbereitung von Online-Auktionen entscheidend, nicht zu wenige Anbieter aufzufordern, damit ausreichend Wettbewerbs- und Preisdruck aufgebaut wird. Manchmal ist es für einen Einkäufer sinnvoll, nur einen Teilbereich des eigentlichen Gesamtbedarfs online auszuschreiben, da sich sonst viele potenzielle Anbieter, deren Angebotspalette den Gesamtbedarf nicht abdeckt, nicht beteiligen würden.

Bei der Vorbereitung im Vorfeld einer Online-Auktion achtet ein Einkäufer v. a. auf folgende Aspekte:

- Er prüft die Stärke des Wettbewerbs unter den einzelnen Teilnehmern auf der Lieferantenseite.
- Der Einkäufer sortiert ungeeignete Lieferanten mithilfe eines Fragebogens im Vorfeld aus.
- Anschließend informiert er die Teilnehmer über den Ablauf des Verfahrens und die Angebotskriterien.
- Danach folgt die Einschätzung der Höhe der Markttransparenz und die Klärung des Qualitätsniveaus der Anbieter.
- Die Mindestkriterien im Sicherheitsbereich werden definiert.
- Nun wird die strategische Bedeutung der Lieferanten vom Einkäufer eingeschätzt.
- Besonders wettbewerbsfähige Lieferanten aus Low Cost Countries werden eingeladen, das Preisniveau zu senken.
- Nun holt der Einkäufer erforderliche Zertifizierungen und Selbstauskünfte der Anbieter ein.
- Er berücksichtigt mögliche Währungsrisiken und Exportbeschränkungen.

Die eigentliche Durchführung der Online-Auktionen geschieht anschließend auf folgende Weise:

1. Der Einkäufer legt die Mindestleistungskriterien fest.
2. Anschließend definiert er mögliche Optimierungschancen.

3. Er beschreibt exakt den benötigten Bedarf.
4. Er legt den Kreis möglicher Lieferanten fest.
5. Er holt die Zustimmung zu den Auktionsregeln ein.
6. Schließlich schreibt er seinen Bedarf via Online-Auktion aus.

Bei der anschließenden Auswertung der Auktionsergebnisse geht der Einkäufer i. d. R. in folgender Reihenfolge vor:

1. Er wertet die Auktionsergebnisse aus.
2. Anschließend informiert er die Beteiligten über deren Ergebnisse und gibt ihnen ein entsprechendes Feedback.
3. Der Einkäufer vergibt den Auftrag an den geeignetsten und wirtschaftlichsten Anbieter.
4. Er führt gegebenenfalls Gesprächsrunden zur Implementierung eines kontinuierlichen Verbesserungsprozesses (KVP) bei strategisch wichtigen Lieferanten vor Ort durch.

Ihre Reaktion auf Online-Auktionen
Für viele Verkäufer und Unternehmer stellt sich die Frage, wie sie der wachsenden Anzahl an Online-Auktionen und -Börsen erfolgreich begegnen können. Dabei lohnt es sich, insbesondere die folgenden Aspekte näher zu beleuchten:

1. Sollten Sie bestimmte Angebote mit Alleinstellungsmerkmalen prinzipiell nicht über Auktionen anbieten?
2. Welche Ihrer Produkte mit hohen Lagerbeständen und hoher Ertragsspanne sind grundsätzlich eher für Auktionen geeignet?
3. Verfügt Ihre Vertriebsmannschaft bereits über die erforderlichen Kenntnisse im Umgang mit elektronischen Einkaufsverfahren oder besteht hier Schulungsbedarf?
4. Sollte Ihre IT- und Vertriebsabteilung enger zusammenarbeiten, um Kriterien, die im Lieferantenkontakt eine wichtige Rolle spielen, von Anfang an in Ihrem Sinne zu beeinflussen?
5. Könnten Sie sinnvolle eigene Online-Leistungen Ihrer Kunden integrieren, z. B. in Form eines Onlineshops?

6. Wie können Sie Ihre Präsenz und Reichweite auf geeigneten digitalen Marktplätzen kontinuierlich ausweiten?

7. Wäre es sinnvoll, einen gemeinsamen Online-Marktplatz mit geeigneten Partnern zu gestalten (beispielsweise einen Online-Marktplatz mit Handwerkern zu konzipieren, die sich gegenseitig mit ihren Angeboten rund ums Haus sinnvoll ergänzen)?

Selbstverständlich gibt es auch in Verkäuferkreisen nach wie vor die Einstellung: „Ich kann überhaupt nichts mit Online-Marktplätzen und -Auktionen anfangen und werde mich daran auch niemals beteiligen." Doch diese Meinung gleicht dem Verhalten eines Menschen, der ständig versucht, die Zeiger seiner Uhr anzuhalten, nur damit diese nicht weiterläuft. Schnell wird er feststellen, dass er von seinen Wettbewerbern überholt wird, die mit der Zeit gehen. Denn nichts ist bekanntlich beständiger als der Wandel.

Transfer in die Praxis

- Wie fit sind Ihre Verkäufer im Umgang mit Online-Auktionen und digitalen Ausschreibungen?
- Kennen Ihre Vertriebsmitarbeiter die unterschiedlichen Auktionsarten, deren Abläufe und spezifischen Bezeichnungen?
- Wurde eine interne Strategie zum Verhalten in puncto Online-Auktionen gemeinsam erarbeitet, um den digitalen Anschluss nicht zu verpassen?

7

Digitaler Wandel im Vertrieb

Was Sie aus diesem Kapitel mitnehmen

Was bedeutet die zunehmende Digitalisierung der Verhandlungen zwischen Verkäufern und Einkäufern für Ihr Unternehmen bzw. Ihre Vertriebsabteilung? Sollten Sie als Unternehmer bzw. Verkäufer ausschließlich auf die anonyme Online-Kommunikation setzen oder auch auf die persönliche Pflege Ihrer Kunden? In diesem Kapitel finden Sie Antworten auf diese Fragen.

7.1 Noch persönlich kommunizieren?

Wird die persönliche Beziehung zwischen Verkäufer und Kunde obsolet? Lohnt es sich noch, persönlich mit Einkäufern und anderen Ansprechpartnern auf der Kundenseite auf traditionelle Weise – vor Ort bzw. am Telefon – zu kommunizieren? Oder wäre es besser, zu 100 % auf die anonymere Online-Kommunikation zu setzen und diese massiv, z. B. über die Beratung per Webcam, Skype, via Internet bzw. per Videokonferenz auszubauen?

Ich denke persönlich, dass ein gesunder Mittelweg, wie so oft im Leben, der beste ist. „Das eine tun, ohne das andere zu lassen, ist

© Springer Fachmedien Wiesbaden GmbH, ein Teil von Springer Nature 2018
C. Kober, *Die Verhandlungsmethoden der Einkäufer*,
https://doi.org/10.1007/978-3-658-22548-3_7

oft die sinnvollste Entscheidung", sagte mir einmal ein asiatischer Verhandlungspartner. Der Mann hat Recht. Die totale Ablehnung elektronischer Einkaufsverfahren bringt genauso wenig wie das komplette Einstellen der persönlichen Kommunikation zwischen Verkäufern und Einkäufern. Wir sollten nicht vergessen, dass die Entscheidungen, gerade bei komplexen und großen Aufträgen, nach wie vor von Menschen getroffen werden. Einige Einkäufer haben die Erfahrung gemacht, dass ein zu günstiger Preis zu Qualitäts- bzw. Sicherheitsproblemen oder im schlimmsten Fall sogar zu Rückrufaktionen führen kann.

> Der Trend geht meiner Ansicht nach hin zur Stärkung der langfristigen Beziehung zwischen Kunden und Lieferanten. Ein gemeinsam aufgebautes Vertrauensverhältnis ist nach wie vor elementar, um nachhaltig Erfolg im Verkauf zu haben. Wird dies zusätzlich durch ein klar strukturiertes und durchdachtes Konzept zur Kundenpflege und zur systematischen Planung der Kommunikation mit Schlüsselkunden ergänzt, so kann ein Unternehmen, das sich für den Mittelweg zwischen rein elektronischer und persönlicher Kommunikation entscheidet, auch in Zukunft erfolgreich sein.

7.2   Pflege Ihrer VIP-Kunden

Fragen Sie doch bitte einmal in Ihrem Unternehmen nach, ob für das nächste Jahr ein Werbeplan oder ein Messeplan besteht. Wahrscheinlich werden Sie eine positive Antwort darauf erhalten. Doch haben Sie in Ihrem Unternehmen auch bereits ein schriftlich verfasstes Konzept zur Kommunikation mit Ihren bestehenden wichtigen Kunden erstellt; inklusive der zeitlichen Festlegung, wer wann mit welchen Ansprechpartnern auf der Kunden- bzw. Lieferantenseite kommuniziert? Häufig erhalte ich auf diese Frage eher die Antwort: „Nein, ein schriftliches Konzept zur Kundenpflege und Kommunikation mit unseren VIP-Kunden existiert bei uns leider noch nicht."

Versuchen Sie, sich noch stärker mit Ihren bestehenden guten Kunden bzw. Einkäufern zu verbinden. Sorgen Sie dafür, dass die Kommunikation in den einzelnen Abteilungen Ihres Unternehmens und jenen Ihrer Kunden nicht dem Zufall überlassen bleibt.

Mit welchen Entscheidern, Anwendern, Helfern, Beratern und Multiplikatoren auf der Kundenseite kommunizieren Sie bzw. Ihre Kollegen wann und auf welche Art und Weise? Steigern Sie kontinuierlich die Attraktivität Ihrer Angebote, und finden Sie Antworten auf die Frage: „Welche Anreize hat ein Einkäufer, um eher und regelmäßig bei uns als beim Wettbewerber zu bestellen?"

Analysieren Sie dazu Ihre Chancen zur preisstabilen Kommunikation und Kundenpflege u. a. bitte einmal an den folgenden Kontaktpunkten mit Ihren Kunden:

1. Wertigkeit Ihrer Website
2. Preisorientierung Ihrer Werbung: Anzeigen, Direktwerbung, Public Relation, Messen etc.
3. Telefonischer Erstkontakt
4. Preiscleveres Hinterfragen der Interessenten- bzw. Kundenanfragen
5. Erstgespräch bzw. Erstpräsentation
6. Preisgerechte Angebotsdarstellung
7. Nutzendarstellung in Verhandlungen
8. Präsentationen bei Neu- und Altkunden
9. Systematik und Qualität der Preisverhandlungen
10. Preiscleveres Führen des Nachfassgesprächs
11. Wertigkeit der Fahrzeuge und der Kleidung
12. Service und Nachbetreuung etc.

Sie werden sicherlich einige Chancen zur Optimierung Ihrer Preiskommunikation an den genannten Kontaktpunkten finden und feststellen, dass Sie und Ihre Vertriebsmannschaft durch die Umsetzung der gefundenen Chancen, auch in digitalen Zeiten, weiter gesund wachsen können.

Transfer in die Praxis

- Haben Sie schon einmal einen anonymen Test aus Kundensicht durch-
  führen lassen?
- Wie kommunizieren Sie bzw. Ihre Mitarbeiter mit Ihren Kunden an den
  wichtigsten erwähnten Kontaktpunkten? Welche Optimierungschancen
  würden sich aus dem Kundenkontakttest für Sie ergeben?
- Haben Sie bereits gemeinsam mit Ihrem Vertriebsteam ein systema-
  tisches schriftliches Konzept zur Kundenpflege und zur Planung der
  Verhandlungskommunikation mit Ihren Schlüsselkunden und deren
  Einkäufern erstellt?
- Welche Instrumente zur Online-Kommunikation, wie z. B. eine Webcam-
  Beratung bzw. Videokonferenz, könnten Sie bei welchen Kundengruppen
  verstärkt verwenden, um die Zeit der Vertriebsmitarbeiter möglichst
  effizient und kostensparend einzusetzen?

8

Preisclever mit Einkäufern kommunizieren

> **Was Sie aus diesem Kapitel mitnehmen**
>
> Die Welt der Einkäufer haben Sie nun etwas näher kennengelernt. Die entscheidenden Fragen, die in diesem Kapitel behandelt werden, lauten: Wie machen Sie Ihre Verkaufsmannschaft bzw. Ihr Unternehmen noch preissicherer? Wie können Sie nicht nur einzelne Teilbereiche dahingehend optimieren, sondern ein ganzheitliches Konzept zur preiscleveren Kommunikation und zum ertragsstarken Denken und Verkaufen in Ihrem Unternehmen erstellen, um auf den verstärkten Preiskampf und den Druck, den harte Einkäufer aufbauen, erfolgreich zu reagieren?

8.1 Schwächen und Chancen in der Preiskommunikation

8.1.1 Geringe Kenntnisse, Anreize oder Kontrolle

Durch die falsche Einschätzung der Ertragssituation werden zu hohe Nachlässe gegeben

Wenn Sie heute die Situation in vielen Unternehmen im Bereich der Preiskommunikation betrachten, stellen Sie vielfach fest, dass die Ertrags- bzw. Spannensituation von vielen Mitarbeitern im Innen- und

© Springer Fachmedien Wiesbaden GmbH, ein Teil von Springer Nature 2018
C. Kober, *Die Verhandlungsmethoden der Einkäufer,*
https://doi.org/10.1007/978-3-658-22548-3_8

Außendienst sowie im Servicebereich grundsätzlich falsch eingeschätzt wird und deshalb Preisnachlässe zu großzügig kommuniziert werden. Vielen Mitarbeitern fehlt die Erkenntnis über die tatsächliche Höhe der Erträge, die heute durchschnittlich im Mittelstand erzielt werden.

Immer wieder stelle ich Vertriebsmitarbeitern folgende Frage: „Was schätzen Sie, welche Nettoumsatzrendite nach Steuern ein mittelständisches Unternehmen im Durchschnitt erzielt?" Häufig erhalte ich Antworten wie beispielsweise zwischen 20 und 30 %. Dass diese Schätzwerte in nahezu allen Branchen völlig unrealistisch und viel zu hoch angesetzt sind, brauche ich Ihnen nicht näher zu erläutern. Doch wenn ein Mitarbeiter denkt, der Chef würde 30 % an einem Auftrag nach Steuern verdienen, dann gibt er auch leichter einmal 10 % Nachlass. Nach dem Motto: Dann hat unsere Firma ja immer noch 20 % verdient. Wenn mehr Mitarbeiter wüssten, dass – je nach konjunktureller Lage – in vielen Unternehmen im Schnitt am Jahresende nur 1,5 % bis 5 % nach Steuern an Umsatzrendite übrig bleiben, würde dies die Höhe der von Verkäufern gewährten Nachlässe sicherlich positiv beeinflussen.

Wird darüber jedoch nicht regelmäßig mit den betreffenden Mitarbeitern gesprochen, werden häufig wertvolle Prozente verschenkt – und das einfach so, ohne eine Gegenleistung vom Kunden dafür einzufordern. Das heißt, Preisnachlässe werden als isolierte Rabatte einfach weitergegeben und schmälern dadurch den Deckungsbeitrag enorm.

Viele Mitarbeiter im Vertrieb bewerten die durchschnittlich erzielbaren Deckungsbeiträge in den einzelnen Produktgruppen unrealistisch

Ein Schockerlebnis der besonderen Art hatte der kaufmännische Leiter eines Unternehmens, das Verbrauchsmaterialien in den verschiedensten Branchen, von Kfz-Werkstätten über den Yacht- und Bootsbau, die chemische Industrie bis hin zur Oldtimer-Branche, vertreibt.

Ich bat die Verkäufer in einer meiner Schulungen zur Optimierung der Verhandlungskommunikation, ihre insgesamt zehn Branchenbereiche nach der Höhe der durchschnittlich erzielbaren Deckungsbeiträge absteigend zu nummerieren. Der kaufmännische Leiter konnte nicht glauben, dass die meisten Vertriebsmitarbeiter den Kfz-Bereich hinsichtlich der Höhe der im Durchschnitt zu erzielenden Deckungsbeiträge als den zweitbesten einstufen. Er meinte nur, dies sei völlig verkehrt, da man im letzten Jahr noch nicht einmal eine schwarze Null in der Kfz-Branche erzielt habe. Andere Bereiche, wie z. B. der ertragsstarke Yacht- und Bootsbau wurden hingegen im Mittelfeld positioniert.

Wie würden Ihre Kollegen bzw. Mitarbeiter die Deckungsbeitragssituation in Ihren Produkt- bzw. Leistungsbereichen einschätzen?

Zu wenige Preispausen werden eingelegt

In 90 % der Fälle stelle ich zudem fest, dass Vertriebsmitarbeiter keine bzw. zu wenige Preispausen machen, wenn der Einkäufer im Preisgespräch einen Rabatt fordert. Ohne eine Preispause macht man sich jedoch schnell unglaubwürdig, da der Einkäufer dann Folgendes denkt: Wenn der Verkäufer mir ohne eine Bedenkpause gleich einen Nachlass gibt, war sein ursprüngliches Angebot gar nicht seriös kalkuliert.

Eine Preispause funktioniert beispielsweise folgendermaßen:

„Da kann ich leider gar nichts mehr machen, der Preis ist schon absolut knapp für Sie kalkuliert" – dann eine Pause einfügen – und abwarten, ob der Kunde nun nicht von sich aus sagt: „Na ja, wir brauchen die Ware ja trotzdem schnell, liefern Sie uns diese dann doch bitte sofort."

Auch wenn dies nur ein kleiner Anteil an Kunden ist, der so reagiert, haben Sie diese Aufträge schon einmal, ohne einen Cent Nachlass zu gewähren, in trockenen Tüchern.

Kundenleistungen in Preisgesprächen werden nicht oder zu selten eingefordert

Zahlreiche Vertriebsmitarbeiter im Innen- und Außendienst verfügen immer noch über keine schriftliche Checkliste mit möglichen Kundenleistungen im Preisgespräch, obwohl sich harte Preisverhandlungen und Nachlassforderungen ständig und regelmäßig im Verkäuferleben wiederholen.

Unter Kundenleistungen verstehe ich hier Leistungen, die Ihr Verkäufer vom Kunden in der Preisverhandlung aktiv einfordert und die Ihren Deckungsbeitrag erhalten bzw. sogar erhöhen, z. B. falls ein Kunde eine Baumaschine mit dem eigenen Lkw selbst abholt, der Anbieter dadurch die eigenen Transportkosten einspart und dem Kunden im Gegenzug einen Nachlass dafür gewährt.

Hier sollte das Geben-und-Nehmen-Prinzip herrschen: Wenn Ihr Kunde einen Nachlass erhält, dann nur bei Akzeptanz einer entsprechenden Gegenforderung. Mehr über die detaillierte Vorgehensweise hierzu, erfahren Sie in Abschn. 8.8.

Es bestehen kaum preisliche bzw. am Deckungsbeitrag orientierte Anreize bzw. Auszeichnungen für ertragsstarke Verkäufer
Ein amerikanisches Fast-Food-Unternehmen prämiert den Mitarbeiter des Monats – weshalb zeichnen Sie nicht einmal Ihre besten Preisverhandler des Monats aus und belohnen sie entsprechend? Dadurch wird allen Kollegen im Vertrieb sofort bewusst, dass es sich lohnt, ertragsstark und preisclever zu verkaufen.

Preiskommunikationsziele werden zu selten mit den involvierten Mitarbeitern gemeinsam erarbeitet und schriftlich festgelegt
Kennen Ihre Vertriebsmitarbeiter im Innen- und Außendienst Ihre Preiskommunikationsziele in den einzelnen Produkt- bzw. Leistungsgruppen? Nur wenn dies der Fall ist, können Sie sicher sein, dass Preise auch entsprechend ertragreich verhandelt werden.

Ob Preisziele eingehalten werden, wird zu selten bzw. gar nicht kontrolliert
Jeder Unternehmer ist sich bewusst darüber, dass sein wirtschaftlicher Erfolg sich, meist am Jahresende, in der Bilanz ausdrückt. Doch um dann nicht erstaunt feststellen zu müssen, dass man zwar viel Umsatz, jedoch zu wenig Ertrag erzielt hat, ist es entscheidend, regelmäßig das Erreichen der gesetzten Preisziele in den einzelnen Leistungs- und Produktbereichen zu kontrollieren.

8.1.2 Fehlende Preiskommunikationswerkzeuge

In vielen Unternehmen fehlen schlicht und einfach geeignete und praxisbewährte Methoden und Strategien zur erfolgreichen Preiskommunikation. Die elementare Kommunikation an allen Kontaktpunkten mit Kunden, an denen der Preis eine Rolle spielt, wird häufig zudem nicht oder nicht intensiv und systematisch genug trainiert.

Falls eine Preiskontrolle erfolgt, liegt diese teilweise im Verantwortungsbereich des Vertriebs

In der Regel ist dies eher kontraproduktiv. Besser wäre es, diese Kontrollfunktion an eine Führungskraft außerhalb des Vertriebsbereichs, also z. B. aus dem kaufmännischen Bereich, zu übertragen.

Es werden zwar Preisuntergrenzen, jedoch keine Preiszielwerte angegeben

Die reine Vorgabe maximaler Preisuntergrenzen führt häufig dazu, dass die Verkäufer sich auch daran orientieren, nach dem Motto: „Hauptsache ich habe den Auftrag und den Umsatz gesichert, auch wenn ich preislich an der Untergrenze verkaufe." Wenn Sie Ihren Verkäufern zusätzlich Preiszielwerte vorgeben, wird sich dies i. d. R. positiv auswirken – insbesondere dann, wenn die erzielte Preisnachlasshöhe sich auch direkt auf das Einkommen der Verkäufer auswirkt.

Ertragsbezogene Provisionsanzeigen bestehen nur selten. Dadurch merken Verkäufer zu spät, dass sie nicht mehr mit Gewinn verkaufen

Schade, wenn Verkäufern durch fehlende, auf den zu erzielenden Ertrag fokussierte Provisionsanzeigen nicht bewusst wird, wie gut bzw. schlecht sie – preislich gesehen – verkaufen. Vor Kurzem führte ich eine Preisverhandlung mit einem Verkäufer eines süddeutschen Autohauses. Nachdem wir nach 20 min bei 18,5 % Nachlass auf den Neuwagen angelangt waren, hat er entsetzt auf seine Provisionsanzeige am Bildschirm seines PC gezeigt und gemeint, er wäre jetzt mit seiner Provision bereits 600 EUR im Minus. War es nur ein Trick, um Mitleid zu erregen, oder stimmte es tatsächlich? Ich habe auf jeden Fall noch ein halbes Prozent mehr rausgeholt, bis sein Vorgesetzter kam und verkündete, sie seien jetzt mit dem Angebot am absoluten Ende der Preisspanne angelangt. Dann ging es noch um einen Satz Winterreifen. Schließlich muss ich ja ab und zu die Methoden der Einkäufer in der Praxis testen, auch wenn meiner mitfühlenden Frau Barbara die armen Verkäufer in solchen Preisgesprächen leidtun und sie meint, ich ginge mit meinen Forderungen zu weit.

Verlustbringende Kunden bzw. Projekte werden zu spät oder gar nicht identifiziert oder es wird zu spät darüber kommuniziert

Der Chef einer internationalen schwedischen Firma, mit Zweigstellen in aller Welt, vertritt die Ansicht, dass schlechte Nachrichten bzw. gravierende Probleme immer besonders schnell in der obersten Führungsetage landen sollten, um zügig darauf reagieren zu können. Genauso verhält es sich mit verlustbringenden Projekten bzw. Kunden. Es gehört mit zu den wichtigen Aufgaben der Vertriebsleitung, diese schnellstmöglich zu identifizieren und dazu entsprechende Schritte zur Kommunikation mit dem Vertriebsteam einzuleiten.

Viele Vertriebsmitarbeiter sind zu abschlussschwach

Manchmal unternehme ich vor betriebsinternen Schulungen zur Analyse der Vertriebsleistungen Begleitreisen mit Verkäufern. Dabei stelle ich häufig fest, dass zahlreiche Mitarbeiter im Verkauf zwar gut über ihre Produkte bzw. Dienstleistungen Bescheid wissen, jedoch zu abschlussschwach sind.

Ein Beispiel: Ich war mit einem Vertriebsmann in einem Gespräch mit einem Geschäftsführer. Der Kunde nahm das schriftliche Angebot zur Hand und sagte zum Verkäufer: „Ah, jetzt haben Sie die Anzahl der Produkte ja von zehn auf fünf geändert, fünf finde ich prima. Zehn Stück wären jetzt am Anfang einfach zu viel gewesen. So kann ich es mir jetzt gut vorstellen." Wie reagierte der Verkäufer? Er machte nun nicht etwa den Sack zu, indem er zum Kunden sagte: „Prima, wenn Sie es sich so gut vorstellen können, dann bitte ich Sie, mir hier kurz noch Ihre Bestellung zu unterzeichnen." Sondern er erwiderte: „Übrigens gibt es die angebotenen Produkte jetzt auch noch in unterschiedlichen Farbvarianten, also nicht nur in dem Blauton, den Sie angefragt haben." Der Verkäufer holte eine Farbkarte aus seinem Aktenkoffer, redete minutenlang über Farben und Varianten, bis der Kunde meinte, es täte ihm leid, doch sein nächster Gesprächspartner stünde jetzt vor seiner Bürotür. Abschluss zerredet – Auftrag nicht bekommen.

Ein abschlussschwacher Verkäufer ...

* ... ist lieb und freundlich, traut sich aber nicht, im richtigen Moment den Abschluss einzuleiten.
* ... braucht nach einem Misserfolg beim Kunden gleich einen Bürotag zur Erholung.
* ... sucht ständig nach Entschuldigungen und Ausreden, wie z. B.: „Montags erreicht man sowieso niemanden, da sind die meisten Kunden gedanklich noch im Wochenende!"

Damit Ihre Verkäufer noch abschlusssicherer werden, empfehle ich, die praxisbewährten Abschlussmethoden zu erlernen und v. a. aktiv einzutrainieren.

Näheres dazu erfahren Sie in Abschn. 8.8.5.

8.2   Preisclever zu kommunizieren lohnt sich

Die Vorteile der systematischen Optimierung Ihrer Preiskommunikation liegen auf der Hand. Denn diese erfordert, im Vergleich zu Investitionen in Gebäude und Maschinen, keine hohen Investitionen und lässt sich in kurzer Zeit realisieren.

Ein kleines Berechnungsbeispiel hierzu, um die Auswirkung etwas besserer Preise, die Verkäufer durch eine gekonnte Preiskommunikation durchsetzen, bewusst zu machen:

Praxisbeispiel: Renditesteigerung

Einmal angenommen, Sie erzielen bei einem Umsatz bzw. Preis von 100 EUR, 5 % Rendite, also 5 EUR.

Dann würden Sie bei einem Preis von 102 EUR bereits 7 EUR Rendite einfahren.

Dies wäre also eine Renditesteigerung um 40 %! In welchem anderen Sektor können Sie so schnell und deutlich Ihr Ergebnis steigern?

In Erträgen denken

Sie werden sich fragen, welche Maßnahmen Sie in der Geschäftsführung ergreifen könnten, um Ihre Verkaufsmannschaft im Innen- und Außendienst noch besser auf Preisgespräche mit Einkäufern vorzubereiten. An erster Stelle empfehle ich Ihnen, das Ertragsdenken in Ihrer Mannschaft aktiv aufzubauen.

Was meine ich damit? Erschreckend ist es für mich immer wieder (wie bereits kurz erwähnt), wie hoch und damit unrealistisch viele Mitarbeiter, die ich in Schulungen trainiere, die durchschnittlichen Renditen nach Steuern in Bezug auf die Preisangebote der Unternehmen einschätzen.

Um ein stärkeres Ertragsdenken in Ihrem Unternehmen zu etablieren, lohnt es sich, sich einmal folgende zehn Fragen zu stellen:

1. Ist Ihnen bewusst, für welche Produkte und Leistungen Ihre Kunden bereit wären, mehr zu bezahlen als bisher?
2. Wissen Ihre Vertriebsmitarbeiter, welche Ihrer Angebote und Zielgruppen besonders ertragsstark bzw. -schwach sind?
3. Wurden im Kreis Ihrer Kollegen aus dem Innen- und Außendienst Praxisbeispiele besprochen, die eine realistische Einschätzung der Renditen – im Hinblick auf das möglichst preisstabile Verhalten in Nachlass- bzw. Preisgesprächen – ermöglichen?
4. Verdienen Sie bzw. Ihre Kollegen aus dem Innen- und Außendienst mehr, wenn Sie zu höheren Preisen verkaufen?
5. Wie könnten Sie bzw. Ihre Kollegen ertragsstarke Service- bzw. Dienstleistungen intensiver in Verhandlungen ansprechen?
6. Gibt es Mitarbeiter aus vertriebsfremden Abteilungen (z. B. der Technik bzw. Produktion etc.) mit freier Zeitkapazität, die Sie verstärkt im Verkauf einsetzen könnten?
7. Wie könnten Sie ein größeres Ertragsverständnis und mehr Anreize zum preiscleveren Verkaufen schaffen?
8. Wie identifizieren Sie besonders preisschwache bzw. preisstarke Verkäufer?
9. Prämieren bzw. belohnen Sie bereits die ertragsstarke Kommunikation in Ihrer Firma?
10. Wie kontrollieren Sie systematisch und zeitnah die Erzielung entsprechender Preisvorgaben und Deckungsbeiträge?

8.3   Analyse Ihrer Preiskommunikation

Um die Preiskommunikation in Ihrem Markt bzw. in Ihrem Unternehmen näher zu analysieren, empfehle ich Ihnen, sich grundsätzlich einmal bitte folgende Fragen zu stellen:

1. Welche Stärken und Schwächen sehen Sie in Ihrer derzeitigen Preiskommunikation?
2. Wie ist die Qualität Ihrer Preiskommunikation in Ihren einzelnen Angebots- bzw. Kundensegmenten?
3. Welches sind Ihre ertragreichsten Marktfelder bzw. Marktsegmente heute und in Zukunft?
4. Wie elastisch ist die Nachfrage in Ihrem Markt?

   a) Eher unelastisch: obwohl der Preis sich ändert, bleibt die Nachfrage fast gleich, wie z. B. beim Verkauf von Strom
   b) Eher elastisch: wenn sich der Preis ändert, wirkt sich dies stark auf die Nachfrage aus, wie z. B. beim Verkauf von Luxuskreuzfahrten

5. Führen Sie regelmäßig Maßnahmen durch, um für neue und gegebenenfalls bestehende Produkte oder Leistungen den richtigen Preis zu finden, an dem sich eine optimale Preis-, Mengen- oder Ertragsrelation für Sie ergibt?
6. Welche Aktionen führen Sie zur Preisklärung, gerade auch bei neu einzuführenden Produkten bzw. Leistungen bisher durch? Dazu zählen z. B.

   a) Markttests;
   b) Befragung von Interessenten bzw. Kunden zur Preisgestaltung;
   c) anonyme Wettbewerbsvergleiche, z. B. durch das Einholen von Preisangeboten Ihrer wichtigsten Konkurrenten oder durch die Analyse der Preisargumentation der Verkäufer Ihres Wettbewerbers;
   d) Messung der empfundenen Mehrwerte aus Kundensicht, hierbei werden z. B. einzelne Eigenschaften bzw. Komponenten Ihres Angebots und deren kostengünstigere Alternativen abgefragt und durch Ihre potenziellen Kunden preislich bewertet.

7. Welche Käufersegmente sind in Ihrem Kundenkreis hauptsächlich vertreten? Bitte bewerten Sie einmal die folgenden vier Segmente, aufsteigend nach der Relevanz in Ihrem Markt:

   a) Premiumsegment: Kunden kaufen nur beste Qualität und teuer
   b) Schausegment: Marke wird vom Kunden zur Schau gestellt, da sie als besonders bzw. exklusiv empfunden wird
   c) Understatement-Segment: Käufer legen Wert auf ein eher bescheidenes, also kein protziges Angebotsdesign
   d) Billigsegment: Käufer sind stark preisorientiert

8. Differenzieren Sie Ihre Preiskommunikation bereits nach folgenden Aspekten?

   a) Land bzw. Region oder Ort
   b) Zeit: bei der zeitlichen Differenzierung ist es entscheidend, wann Ihr Kunde eine bestimmte Leistung benötigt, z. B. am Wochenende oder wochentags, tagsüber oder nachts
   c) Volumen bzw. Umfang des Produkts bzw. der Leistung
   d) Qualität: ergibt es Sinn, für verschiedene Qualitätsstufen unterschiedliche Preise zu verlangen, also z. B. wenn bei einer organisierten mehrtägigen Radtour je nach Auswahl der Hotelkategorie und des Leihfahrradtyps unterschiedliche Preise angeboten werden
   e) Käufergruppen, z. B. Differenzierung nach Industrieendkunden und Händlern
   f) Kundentypologien, wie z. B.:

   - *Der Problemkunde* akzeptiert auch höhere Preise, sofern sein Problem schnell gelöst wird
   - *Der Unentschlossene*, der preislich leicht beeinflussbar ist
   - *Der Zielstrebige*, der auch preislich ganz genaue Vorstellungen hat
   - *Der Gewinner*, der impulsiv, spontan und emotional sich in ein Produkt verliebt und es dann sofort, koste es was es wolle, haben möchte.
     In Abschn. 8.5.3 finden Sie die ausführliche Beschreibung der genannten Kundentypen.

g) Marken- bzw. Produktlinien, z. B. die Differenzierung in drei verschiedene Produktausstattungslinien eines schwäbischen Pkw-
Herstellers

h) Angebotsbündelung, z. B. das Angebot einer Werkzeugmaschine
inklusive eines Wartungsvertrags und passenden Verbrauchsmaterials

i) Angebotszugaben, z. B. für Kunden aus dem Handwerksbereich
einen Werkzeugkasten als Zugabe ab einem bestimmten Bestellwert

j) Nutzungsabhängige Preise, z. B. variieren die Telefongebühren
eines Nutzers, je nachdem, welches Gerät er zum Telefonieren
verwendet, also z. B. ein herkömmliches Handy oder ein teures
Smartphone

k) Flatrates: vor allem bekannt aus dem Internet- und Telekommuni-
kationsbereich

l) Grundpreismodell zuzüglich einer nutzungsabhängigen Gebühr:
ein Kunde zahlt beispielsweise für die Leistungen eines Büroservices
eine monatlich gleichbleibende Grundgebühr und – je nach
Intensität und Anzahl der weiteren genutzten Leistungen, wie z. B.
Telefonannahme, Schreibarbeiten etc. – ein zusätzliches Honorar

9. Und hier die Abschlussfrage: Welche Chancen zur Optimierung Ihrer
Preiskommunikation erkennen Sie nun?

8.4 Klare Preiskommunikationsstrategie

Bei der Umsetzung Ihrer preiscleveren Strategie empfehle ich Ihnen,
u. a. auf folgende Aspekte zu achten:

• Stellen Sie bitte zu Beginn der Ausarbeitung Ihrer Preiskommunikationsstrategie die Vorteile für alle involvierten Mitarbeiter heraus.

• Beteiligen Sie alle relevanten Abteilungen bei der Analyse Ihrer
Preiskommunikation, also bitte nicht nur den Außendienst und die
Vertriebsleitung, sondern beispielsweise auch den Innendienst, die
kaufmännische Leitung und eventuell vorhandene Serviceabteilungen.

• Entwickeln Sie Ihre Preiskommunikationsstrategie gemeinsam mit
Kollegen aus allen Abteilungen mit Kundenkontakten, damit deren
Erfahrungen ganzheitlich mit einfließen.

- Befragen Sie zu wichtigen Teilaspekten Ihrer Strategie auch vertrauenswürdige bestehende bzw. potenzielle Kunden.

Eines möchte ich gleich vorab bemerken: Allein die Erstellung eines schriftlichen Konzepts für Ihre clevere Preiskommunikationsstrategie reicht noch nicht aus. Es gilt auch, im Anschluss die Mitarbeiter zur Umsetzung anzuleiten und die praktischen Verhaltensweisen, die aus Ihrer optimierten Preiskommunikationsstrategie resultieren, aktiv zu trainieren.

Fragen Sie sich bei der Entwicklung Ihrer preiscleveren Strategie zunächst bitte einmal Folgendes:

1. Welche Ziele verfolgen Sie grundsätzlich im Preisbereich?
2. Wie sollen Ihre Kunden Ihr Unternehmen im Vergleich zum Wettbewerb preislich einschätzen?
3. Welche Art der Preiskommunikationsstrategie ist die sinnvollste für Ihr Unternehmen insgesamt bzw. in bestimmten Angebots- und Kundenbereichen?

   Im Folgenden finden Sie einen Überblick über wichtige Preisstrategien. Bitte wählen Sie die, aus Ihrer Sicht, geeignetste aus:

   a) *Hochpreisstrategie*: Ein Anbieter versucht dabei, langfristig hohe Angebotspreise im Markt durchzusetzen. Dies setzt voraus, dass die Kunden seine Produkte bzw. Dienstleistungen als entsprechend hochwertig wahrnehmen.

   b) *Mittelpreisstrategie*: Die Mittelpreisstrategie wird für Produkte bzw. Leistungen eingesetzt, bei denen der Preis nicht das bedeutendste Entscheidungskriterium aus Kundensicht ist. Der Preis liegt, im Vergleich zu den Wettbewerbern, im mittleren Bereich.

   c) *Niedrigpreisstrategie*: Ein Unternehmen bietet – im Vergleich zu den wichtigsten Konkurrenten – zu niedrigen Preisen an. Es versucht, durch diese Preispolitik Wettbewerber zu verdrängen und Marktanteile zu gewinnen. Diese Strategie wird eher in Massenmärkten bzw. bei Commodities eingesetzt. Sie setzt günstige Produktions- bzw. Erstellungskosten voraus.

4. Welche der drei im Folgenden genannten Preisstrategien sind aus Ihrer Sicht in welchen Ihrer Angebotsbereiche die sinnvollsten?

a) Abschöpfungs- bzw. Skimming-Strategie: erst hoher, dann niedrigerer Preis
b) Penetrationsstrategie: in der Einführungsphase niedriger, später dann höherer Preis
c) Snobstrategie: der Snobeffekt kann gegeben sein, falls Kunden angebotenen Produkten bzw. Leistungen nur Beachtung schenken, sofern diese als besonders exklusiv wahrgenommen und ihrer Meinung nach nicht von jedermann bzw. einer breiten Zielgruppe erworben werden können

5. Wie können der empfundene Mehrwert und die Zahlungsbereitschaft Ihrer Kunden erhöht werden?
Beispielsweise durch das Bieten eines zusätzlichen Mehrwerts, der Ihren Kunden wertvoll erscheint, Sie jedoch nichts oder nur wenig mehr kostet als bisher.
Ein Anbieter von Schrauben könnte beispielsweise ein Set mit nach Größen vorsortierten Schrauben inklusive passender Muttern anbieten und dadurch den empfundenen Mehrwert und die Zahlungsbereitschaft bei seinen Kunden, im Vergleich zum Einzelverkauf der unsortierten Schrauben bzw. Muttern, etwas steigern.

6. Wurde bereits ein schriftliches Konzept zur cleveren Preiskommunikation für Ihr Unternehmen erstellt?
Sind darin die wichtigsten Strategien, Ziele und Maßnahmen im Sektor der Preiskommunikation enthalten, inklusive der zeitlichen Festlegung, wer diesbezüglich wann mit welchen Ansprechpartnern und auf welche Art und Weise mit Schlüsselkunden Kontakt haben wird?

7. Wie positionieren Sie sich, nicht als allgemeiner Anbieter mit austauschbaren Angeboten für breite Zielgruppen, sondern als Spezialist mit besonderen Mehrwerten?

8. Welches ist Ihr zentrales Nutzenversprechen?
Die Definition des zentralen Nutzenversprechens ist nicht nur im Marketing, sondern gerade auch bei der persönlichen Kommunikation der Verkäufer entscheidend.

Als Spezialist zur Lösung welches elementaren Kundenproblems sieht Sie Ihr Kunde? Häufig hilft diese Frage beim Finden des zentralen Nutzenversprechens, das dann bei jedem neuen Kunden konsequent kommuniziert werden sollte. Nur wenn diese Frage im Vorfeld mit Ihren Vertriebsmitarbeitern geklärt wurde, kann die Antwort darauf auch Ihrem Kunden mitgeteilt werden.

Als Beispiel eines Unternehmens, dem die Kommunikation der zentralen Nutzenaussage ausgezeichnet gelungen ist, lässt sich meiner Meinung nach ein skandinavischer Autohersteller anführen, der seit Jahrzehnten besonders sichere Autos herstellt und in seinem zentralen Nutzenversprechen hervorhebt, dass ihm das Leben bzw. die Sicherheit seiner Kunden sehr am Herzen liegt.

8.5   Vorbereitung Ihrer Preisverhandlungen

Wichtige Verhandlungen mit Mitgliedern aus der Geschäftsleitung bzw. der Einkaufsabteilung Ihrer Kunden stehen sicherlich auch in Ihrem Unternehmen immer wieder regelmäßig an. Haben Sie und Ihre Kollegen aus dem Vertrieb sich bereits einmal mit den Aspekten befasst, die Entscheidern aus Industrie und Handel bei der Auswahl neuer Lieferanten, neben einem guten Preis, besonders wichtig sind?

Denn eines ist klar: Ihr Ziel kann es nur sein, möglichst viele Argumente zu Aspekten zu nennen, die nichts mit dem Preis bzw. einem Preisnachlass zu tun haben, die jedoch für Ihren Verhandlungspartner wichtig sind. Jede Minute, in der Sie mit einem Einkäufer über einen interessanten Aspekt Ihrer angebotenen Leistung sprechen und nicht über den Preis, ist für Sie sicherlich eine wertvolle Minute.

Doch welche Kriterien sind nun vielen Entscheidern aus der Geschäftsführung und dem Einkauf wichtig, wenn es darum geht, neue, überzeugende Lieferanten auszuwählen? Oder anders gefragt: Auf welche Punkte sollte ein Verkäufer besonders achten, um in den Augen seiner Kunden überzeugender aufzutreten als der Verkäufer seines Wettbewerbers?

Untersucht man dies näher, so stellt sich zuerst die Frage, worauf die Entscheider bei der Auswahl eines neuen Partners auf der Lieferantenseite den größten Wert legen. Ist es etwa das perfekte Auftreten eines Verkäufers, der geschniegelt und gestriegelt, mit perfekt sitzender Krawatte auf jeden Einwand und jede Frage des Interessenten sofort eine perfekte Antwort parat hat? Nein, dieser Punkt steht für potenzielle Kunden nicht an erster Stelle.

Viel wichtiger als ein 100-prozentig perfektes Auftreten ist vielmehr die Glaubwürdigkeit eines Verkäufers. Kunden legen darauf äußersten Wert. In den Augen vieler Entscheider genießt eine hohe Glaubwürdigkeit eines Lieferanten sogar oberste Priorität. Deshalb lohnt es sich – bestimmt auch für Sie – sich näher mit den Gesetzen der glaubwürdigen Kommunikation zu befassen.

8.5.1 Die Grundsätze glaubwürdiger Kommunikation

Vor einiger Zeit war ich Zeuge der Präsentation eines Verkäufers vor einem potenziellen Neukunden. Auf der Reise zum Interessenten fragte ich den Verkäufer: „Wie wird den nun das Gespräch mit Ihrem Gesprächspartner ablaufen?" Darauf meinte der Baumaschinenverkäufer: „Ach, wissen Sie, Herr Kober, ich habe da mein ganz klares Konzept. Bin ja schließlich bereits über 30 Jahre im Vertrieb. Ich ziehe mein Präsentationskonzept von A bis Z durch. Dies dauert rund eine Dreiviertelstunde. Und wenn der Kunde dann am Schluss noch Fragen hat, kann er sie gerne stellen. Doch meistens hat er gar keine mehr." Und genau so lief das Gespräch dann auch ab. Wir wurden höflich in den Raum gebeten und schon legte der Verkäufer los: „Hier habe ich Ihnen meine Visitenkarte mitgebracht. Ich weiß ja nicht, ob Sie unsere Firma schon kennen. Wahrscheinlich noch nicht. Gegründet wurde das Unternehmen vom Großvater des jetzigen Inhabers nach dem Ende des Zweiten Weltkriegs. Damals war unsere Firma noch stark in der Landmaschinentechnik engagiert …"

Der Verkäufer erzählte fünf Minuten lang begeistert vom Unternehmen, das er vertrat. Der Kunde sagte dazu nichts. Nachdem die Vorstellung der Firma beendet war, ging der Verkäufer nahtlos dazu über, seine Baumaschinen im Detail zu beschreiben. Dazu holte er einen dicken Produktkatalog aus seiner Tasche und begann, den Kunden mit Aussagen zu überhäufen: „Also hier sehen Sie unsere Arbeitsbühnen, übrigens jetzt auch mit Akkuantrieb. Das ist gut für die Umwelt und Sie sind bestimmt ein umweltbewusster Mensch, das sehe ich Ihnen schon auf den ersten Blick an."

Der Kunde schaute verdutzt. „Und hier, auf der nächsten Seite unseres Prospekts, kann ich Ihnen unsere Mobilbagger vorstellen. Für Sie wäre auf jeden Fall dieses Modell mit Allradfunktion interessant. Denn gerade im schwierigen und bergigen Gelände ist dieser Bagger mit Allrad das Nonplusultra. Da werden Ihre Bauleiter begeistert sein, wie schnell es damit auf den schwierigen, matschigen Baustellen vorwärtsgeht."

Der Kunde kam immer noch nicht zu Wort. Tatsächlich sprach der Verkäufer geschlagene 45 min lang ohne Punkt und Komma, ohne seinem Gesprächspartner auch nur eine einzige Frage zu stellen. Außer ganz am Schluss, da meinte er zum Kunden: „Falls Sie noch Fragen haben zu dem, was ich gesagt habe, können Sie diese nun gerne stellen." Der Kunde sagte daraufhin, dass es doch sehr viele Informationen für ihn gewesen seien und er eigentlich gar keine bergigen und matschigen Baustellen habe. Und die wichtigsten Arbeitsbühnentypen habe er sowieso schon angeschafft und bei sich in der Halle stehen.

Wenn Sie mich fragen, ist dieser Verkäufer ein typischer TR-Verkäufer, der zuerst den Kunden *totredet,* dabei einen sehr großen Gesprächsanteil für sich in Anspruch nimmt und dann vom Gesprächspartner zum Schluss hört, dass es sehr viele Informationen gewesen seien und er erst einmal darüber nachdenken müsse. Wobei der Kunde häufig denkt, dass er froh ist, wenn der Verkäufer bald wieder weg ist und er in Zukunft nichts mehr von ihm hört.

Diese Art des Verkaufens funktioniert heute einfach nicht mehr. Ein schlechter Verkäufer geht genauso vor wie ein schlechter Arzt. Ohne den Patienten ausführlich befragt zu haben, woher, wann und wie sich genau seine Schmerzen äußern, stellt er einfach eine Diagnose, nach dem Motto: Kaum sehe ich den Patienten, weiß ich schon, was er hat und braucht. Kurz mal ein Schmerzmittel verschreiben und weiter geht es zum nächsten Patienten.

Ein guter Arzt, wie ein guter Verkäufer, wird zuerst einmal keine Ad-hoc-Diagnose stellen, sondern den Patienten bzw. Kunden zu Beginn erst einmal ausführlich befragen. So machen es Topverkäufer, die dem Kunden eben nicht mit einer vorgefertigten Meinung bzw. Lösung gegenübertreten, sondern ihn erst einmal ganz offen fragen, wie seine Situation sich im Moment darstellt und welche Wünsche bzw. Bedürfnisse er hat. Doch auch hier gibt es wieder entscheidende Unterschiede bei der Art der Fragen, die Verhandlungspartnern gestellt werden.

Ein Beispiel: Ich begleitete einmal einen Verkäufer von Strahlungsheizungen für große Hallen zu einem Gespräch mit einem Geschäftsführer eines Unternehmens. Der Verkäufer fragte seinen Verhandlungspartner: „Wie viele Hallenteile gibt es bei Ihrem geplanten Projekt?" „Einen Maschinen- und einen Verwaltungteil", meinte der Geschäftsführer. „Und welche Temperaturen stellen Sie sich in den jeweiligen Hallensegmenten idealerweise vor?" Auch diese Frage beantwortete der Kunde sofort. Also, sie merken, der Verkäufer stellte bereits gute, rationale W-Fragen.

> Die etwas besseren Verkäufer wissen, dass sie rationale, offene W-Fragen stellen sollten. Also beispielsweise wer, wie, wann, wozu etc. Und die Topverkäufer stellen zusätzlich die entscheidende M-Frage.

Die entscheidende M-Frage

Doch fällt Ihnen auf, welche wichtige Frage im gerade geschilderten Gespräch noch fehlt?

Diese Frage kann sehr wichtig für Ihren Auftragserfolg sein. Denn wenn Sie diese nicht stellen und die Antwort darauf nicht kennen, können Sie einfach nicht so gut mitdenken und die für Ihren Kunden beste Lösung gemeinsam entwickeln: Ich spreche hier von der M-Frage.

M steht für das Motiv Ihres Interessenten bzw. Kunden. Nur einer von zehn Verkäufern, die ich begleite, stellt überhaupt die Frage nach dem Motiv des potenziellen Kunden. Die meisten Verkäufer, wie auch der Kandidat mit den Strahlungsheizungen, vergessen schlicht und einfach, die Motivfrage zu stellen.

Fragen Sie doch bitte das nächste Mal, wenn einer Ihrer Verkäufer von einem Gespräch mit einem neuen, potenziellen Kunden zurückkehrt: „Sagen Sie mal, aus welchen Grund überlegt der Kunde eigentlich, mit uns zusammenzuarbeiten?"

Zurück zu unserem Beispiel: In der Verhandlungspause bat ich den Verkäufer, den Kunden nach seinem Motiv zu fragen, was der Vertriebsmann dann auch prompt tat: „Weshalb möchten Sie eigentlich diese neue Halle mit der neuen Strahlungsheizung bauen?" Der Kunde meinte daraufhin: „Wissen Sie, bis vor zwei Jahren gehörte die Firma ja noch mir persönlich. Doch ich habe zwischenzeitlich mein Unternehmen an einen englischen Konzern verkaufen können. Und die Engländer wollen jetzt europaweit ihre Standorte ausbauen. Und deshalb benötigen wir diese Hallenerweiterung und die passende Heizung dazu."

Kann der Verkäufer aus dieser Antwort auf die Motivfrage etwas machen? Ganz bestimmt sogar: Er kennt nun das Motiv, also den Beweggrund des Kunden, und kann aus der Antwort seines Verhandlungspartners Kapital schlagen, indem er beispielsweise nach weiteren Ansprechpartnern in den anderen europäischen Standorten fragt und den Zusatzbedarf hier aktiv und direkt klärt.

Die Beweggründe sind elementar

Der Begriff Motiv leitet sich aus dem lateinischen Wort „motivum" ab. Dies kann mit bewegen bzw. Beweggrund übersetzt werden. Motive von Verhandlungspartnern zu erkennen und diese gekonnt zu bearbeiten, halte ich persönlich für sehr wichtig. Zuerst einmal stellt sich die Frage, wie Ihr Verhandlungspartner grundsätzlich motiviert ist: eher intrinsisch, von innen heraus bzw. aus eigenem Antrieb handelnd, oder eher extrinsisch, durch externe Einflussfaktoren motiviert, wie beispielsweise durch Druck von seinem Chef oder vom Markt.

Ein Verkäufer, der das Motiv eines Kunden bzw. Einkäufers kennt, kann schließlich auf viel bessere Ideen, Lösungen und Ansätze kommen als sein Kollege, der nicht nach dem Beweggrund des Gesprächspartners fragt.

Im Folgenden deshalb eine kurze Übersicht möglicher Motive Ihrer Verhandlungspartner:

- Sicherheit
- Zeit- bzw. Kostenersparnis
- Bequemlichkeit
- Geltungsbedürfnis bzw. Wunsch nach Anerkennung
- Wirtschaftlichkeit
- Gewinnstreben
- Wunsch nach Nachhaltigkeit
- Machterhalt
- Akzeptanz in der Gruppe bzw. in einer Beziehung
- Persönliche Empfehlung bzw. Bindung
- Neugierde
- Wunsch nach Ruhe bzw. Rückzug
- Rechtfertigung bzw. Wiedergutmachung
- Streben nach Freiheit bzw. Unabhängigkeit

Ein Einkaufsleiter, der nur noch ein halbes Jahr bis zu seiner Pension arbeitet, dem ein Verkäufer ein neues funkgesteuertes WLAN-Netzwerk verkaufen möchte, könnte innerlich das Motiv nach Ruhe bzw. Rückzug haben, das sich in seinen Gedanken folgendermaßen ausdrückt: „Was soll ich mich noch mit diesem neuartigen WLAN-System beschäftigen? Bin doch sowieso nur noch ein halbes Jahr in der Firma. Damit soll sich doch mein Stellvertreter rumschlagen, der ist noch jung und Neuem gegenüber aufgeschlossen, und er wird sowieso mein Nachfolger."

Die Frage ist nur, ob ein Verkäufer diese Art von Motiven auch erfragt bzw. erkennt. Genauso gut kann er feststellen, dass ein Kunde auf seine Motivfrage hin: „Aus welchem Grund haben Sie heute das erste Mal bei uns angefragt?" folgende Antwort erhält: „Ich kenne einen Ihrer Stammkunden, Herbert Müller, vom Tennisclub. Der hat mir ganz begeistert erzählt, dass er, seit er Ihr Maschinenkonzept einsetzt, ein Drittel mehr Produktionskapazität in der gleichen Zeit erreicht hat als bisher. Da habe ich mir gedacht, dass ich mit Ihnen unbedingt mal sprechen muss." Bei diesem positiven Motiv der persönlichen Empfehlung bzw. Bindung rennen Sie als Verkäufer sozusagen offene Türen ein.

Nun haben wir bereits zwei wesentliche Elemente glaubwürdiger Kommunikation behandelt. Welches sind nun die weiteren Bausteine, um authentisch zu überzeugen?

Welche Aussagen sind für Einkäufer eher glaubwürdig?
Interessant ist, dass Kunden und Einkäufer eine bestimmte Art von Aussagen eines Verkäufers als eher unglaubwürdig einstufen und andere wiederum als sehr glaubwürdig.

Unglaubwürdige Aussagen sind z. B.:

- „Das ist das führende Drucksystem weltweit."
- „Für Sie ist es das Beste, wenn Sie …"
- „Wir sind absoluter Marktführer."

Was haben diese Aussagen alle gemein? Sie sind angereichert mit Superlativen, wie das führende…, das Beste usw. Diese Superlativaussagen bzw. absoluten Behauptungen wirken auf Kunden eher unglaubwürdig.

Sie können die Wirkung absoluter Aussagen ganz einfach testen, indem Sie demnächst für Ihre Frau einen bunten Blumenstrauß kaufen, sich vor die Haustüre stellen, klingeln und wenn Ihre Frau dann die Türe öffnet, sagen Sie mit dem Strauß in der Hand: „Liebling, du bist die schönste Frau der Welt!"

Wetten, dass dies schiefgeht und Ihre Frau eher kritisch darauf reagiert? Die Leserinnen bitte ich, sich dieses Beispiel umgekehrt vorzustellen.

Absolute Behauptungen machen unglaubwürdig
Also verwenden Sie lieber keine absoluten Aussagen in Ihren Gesprächen mit Einkäufern, sondern bauen Sie bewusst kleine Ausnahmen ein, die für Ihren Kunden akzeptabel sind und für ihn keinen Minuspunkt darstellen. Also verwenden Sie beispielsweise eher folgende Formulierungen (die enthaltenen Ausnahmen sind kursiv geschrieben):

- „Bei der von Ihnen gewünschten Hallengröße von maximal 5000 m² würde ich Ihnen unser Lüftungssystem Minimax XL empfehlen. Allerdings kann dieses System *ausschließlich mit Gas und nicht mit Öl betrieben werden.*"
- „Diese Schrauben sind für Sie geeignet, sofern Sie diese *nur für Beton und nicht für Holzwände verwenden.*"

Sinnvolle Ausnahmen zu nennen, die nicht nachteilig für Ihren Kunden sind, macht Sie glaubwürdiger. Jemand, der behauptet, er habe das beste bzw. tollste Angebot, und seine Aussage nicht relativiert, wirkt hingegen eher unglaubwürdig auf seine Kunden.

Schenken Sie dem Einkäufer von Anfang an reinen Wein ein
Probieren Sie doch bitte in diesem Zusammenhang einmal Folgendes aus: Bei Ihrem nächsten Erstgespräch mit einem neuen Einkäufer berichten Sie nicht nur über das, was Ihre Firma alles kann, sondern geben Sie in einem Satz auch ruhig einmal zu, in welchem Bereich Ihr Unternehmen nicht tätig ist.

So könnte beispielsweise ein Bodenleger zum Kunden sagen: „Wir verlegen viele verschiedene Bodenbeläge, allerdings nur aus Holz, wir verarbeiten keine Fliesen." Wer wirkt auf Sie glaubwürdiger? Ein Verkäufer, der behauptet, dass sein Unternehmen alles kann, oder ein Anbieter, der Ihnen bereits im ersten Gespräch reinen Wein einschenkt und klar kommuniziert, was er realisieren kann, jedoch auch kurz erzählt, was er nicht kann.

Behaupten Sie nicht nur etwas – beweisen Sie es!
Machen Sie es wie ein professioneller Ermittler und sammeln Sie systematisch Beweise. Natürlich nicht über Ihre Kunden, sondern passende Beweise für Ihre Behauptungen bzw. Nutzenargumente, die Sie in Verhandlungen mit Einkäufern verwenden.

Einkäufer berichten mir immer wieder, dass zahlreiche Verkäufer ihnen eine ganze Reihe von Behauptungen liefern. Doch dies genügt dem modernen Einkäufer nicht, sofern er einen neuen Lieferanten aufnehmen und dafür weniger bei seinem bisherigen Partner bestellen soll.

> Was Einkäufer benötigen, sind nicht nur Behauptungen, sondern v. a. stichhaltige Beweise. Diese erhöhen die Sicherheit der Entscheidung für einen neuen Lieferanten – aus Sicht des Einkäufers – enorm.

In Tab. 8.1 finden Sie Beispiele, die verdeutlichen, wie Behauptungen und Beweise in Verhandlungen mit Einkäufern eingesetzt werden können.

Tab. 8.1 Behauptungen und Beweise gekonnt einsetzen

Behauptung	Beweis
Gute Ersatzteilversorgung	Schriftliche Bestätigung, dass ständig mindestens 200 000 Ersatzteile direkt auf Lager sind
Bauteil spart Zeit	Neutrales Testergebnis von einem unabhängigen Institut, das (in Diagrammform ausgewertet) beweist, dass dieses neue Bauteil 15 bisherige Teile ersetzt und bei der Montage einen Zeitvorteil von bis zu 50 % bietet
Hohe Kundenzufriedenheit	Statistik, die zeigt, dass über 90 % der Kunden einem Unternehmen bereits länger als zehn Jahre treu sind
Akku des Fahrrads hält länger als vergleichbare, herkömmliche Geräte	Kunde erhält ein normales E-Bike und ein Fahrrad mit dem neuen Akku zum Testen oder er kann sich einen unabhängigen Testbericht als Videofilm dazu ansehen
Couch weist Flecken ab	Verkäufer bittet die Kundin, ein Glas Rotwein über die Couch zu schütten, anschließend zeigt er ihr, dass die Couch im Nu wieder fleckenrein ist
Besonders energiesparender Maschinenantrieb	Kunde sieht auf einem Display den geringen Stromverbrauch des neuen Maschinenantriebs im Vergleich zum höheren Stromverbrauch einer Kaffeemaschine, die direkt danebensteht

8.5.2 Checkliste zur Vorbereitung erstellen

Die Vorbereitung Ihrer Preisverhandlungen und Ihrer preiscleveren Kommunikation mit Einkäufern sollten Sie bitte nicht dem Zufall überlassen:

> Ich empfehle Ihnen, gemeinsam mit allen Ihren Kollegen aus dem Vertriebsbereich eine Checkliste zur Vorbereitung, Durchführung und Nachbereitung Ihrer Preisverhandlungen zu erstellen.

Die folgenden Aspekte könnten erste Anregungen für Ihre individuelle Checkliste sein. Sie werden schnell merken, dass Verkäufer durch eine Merkliste zur Vorbereitung wichtiger Preisverhandlungen mit Einkäufern in Zukunft weniger vergessen.

Wie oft habe ich es bei meinen Begleitreisen mit Verkäufern bereits erlebt, dass der Vertriebsmitarbeiter nach der Verhandlung auf meine Frage, ob es möglich gewesen wäre, dem Einkäufer einen Zusatzvorschlag für ein Auftragspotenzial zu machen, sagte: „Ja klar. Nun, da Sie es ansprechen, fällt es mir auch wieder ein."

Verhandlungskommunikation mit einzelnen Ansprechpartnern aktiv planen
Darüber hinaus gehört zur Vorbereitung wichtiger Verhandlungen bzw. zu einem guten Key Account Management auch die Aufstellung eines geeigneten Plans zur Verhandlungskommunikation, um sicherzustellen, dass bereits bestehenden Kontakte genutzt werden und nicht nur auf einer Abteilungsebene des Kunden kommuniziert wird.

Es genügt bei größeren Auftragsverhandlungen nun einmal nicht, nur mit dem Einkauf zu sprechen und die Ansprechpartner aus weiteren Bereichen, wie beispielsweise der Technik, der Produktion, der Entwicklung und der Geschäftsleitung, außen vor zu lassen. Zudem ist es sinnvoll, sich im Vorfeld zu fragen: Wann und in welcher Reihenfolge ergibt es Sinn, die jeweiligen Ansprechpartner zu kontaktieren? Bevor oder nachdem das Angebot mit dem Einkäufer besprochen wurde?

Nicht zu vergessen sind wichtige externe Berater des Kunden. Beispielsweise Steuer-, Bank- oder Unternehmensberater, die teilweise bei der Vergabe von Großprojekten eine entscheidende Rolle spielen. Zusätzlich wird noch eine weitere Kategorie von Ansprechpartnern immer wichtiger, jedoch leider von Vertriebsmitarbeitern oft gar nicht beachtet.

Multiplikatoren können Bedarfsempfehlungen geben
Ich spreche von den sog. Multiplikatoren, also externen Partnern, die Ihnen wertvolle Bedarfsempfehlungen geben und bei Ihrer Lead-Generierung entscheidend helfen können. Wer ist beispielsweise ein guter Multiplikator für einen Verkäufer aus dem Heizungsbau? Der Schornsteinfeger. Denn er weiß genau, wo demnächst alte Heizkessel entsorgt werden müssen und eine entsprechende Neuanschaffung ansteht. Ein Immobilienanbieter arbeitet beispielsweise sehr gern mit Steuerberatern als Multiplikatoren zusammen, die gut verdienenden

Mandanten denkmalgeschützte Immobilien als Anlage zum Steuersparen empfehlen können.

Übrigens gibt es in fast jeder Branche Multiplikatoren, wie beispielsweise Gutachter, Planer, freie Handelsvertreter oder Verbandsvorsitzende. Sicher auch in Ihrer. Die Frage ist nur, ob diese bereits systematisch erörtert und konsequent gepflegt werden.

Verbündete aufbauen

Ein erfahrener, weltweit tätiger Vertriebsleiter aus dem Investitionsgüterbereich berichtet:

> Gute Erfahrungen habe ich damit gemacht, mir Verbündete im Unternehmen unseres Kunden aufzubauen. Dies geschieht zwar nicht von heute auf morgen. Doch wenn ich beispielsweise einen Mitarbeiter aus der technischen Abteilung oder auch einen Anwender von unserem System überzeugt und sozusagen auf meiner Seite habe, dann verläuft auch die Verhandlung mit dem Einkäufer in der Regel besser. Die Argumente der Mitarbeiter aus der Technik bzw. Anwendung halten wir, mit deren Einverständnis, schriftlich in kurzen Zusammenfassungen fest und legen diese dem Einkäufer vor. Psychologisch ist es für den Einkäufer dadurch eben schwerer, die Argumente seiner eigenen Kollegen als die des Lieferanten zu entkräften.

Preisforderung, -ziel und -untergrenze

Auf der Preisseite sollte sich ein guter Verkäufer, insbesondere falls er mit Kollegen gemeinsam verhandelt, klar werden, mit welcher Preisforderung, welchem Preisziel und welcher Preisuntergrenze er in die Verhandlung geht.

Zu einer gekonnten Vorbereitung der Gespräche mit dem Einkäufer am Telefon oder vor Ort gehören u. a. folgende Aspekte:

- Welche Spezifikationen und besonderen Wünsche hat der Einkäufer im Vorfeld genannt, auf die Sie sich im Folgegespräch beziehen könnten?
- Welche Ansprechpartner aus welchen Abteilungen sind für Sie relevant? Zum Beispiel Entscheider, Anwender, Helfer, Berater,

Multiplikatoren und Feinde. Feinde können Mitarbeiter Ihrer Kunden sein, die Ihnen eher feindlich gesonnen sind, da sie mit dem Wettbewerber *verheiratet* sind.

- Mit welchen wahrscheinlichen Einwänden und Fragen der einzelnen Ansprechpartner sollten Sie rechnen und sich im Vorfeld darauf vorbereiten?
- Wie ist der aktuelle Stand des Projekts?
- Bis wann ist mit der Entscheidung Ihres Kunden zu rechnen?
- Welchen Liefertermin stellt sich der Einkäufer vor?
- Welche besonderen Gründe zur Entscheidungsbeschleunigung könnten Sie nennen? Weshalb sollte der Einkäufer sich gerade jetzt sofort entscheiden? Mögliche Gründe sind z. B.

  - anstehende Preiserhöhungen,
  - drängender Liefertermin,
  - gemeinsame Produktion mit anderem Auftrag (sofern sinnvoll, wie beispielsweise in der Druckbranche),
  - Frachtkostenersparnis, wenn jetzt sofort die Bestellung erfolgt, da dann die Auslieferung der Produkte mit einem anderen Warentransport verbunden werden kann.

- Könnten Sie Ihrem Kunden eventuell anbieten, ihm etwas Individuelles, auf sein Projekt Bezogenes (z. B. ein Muster, ein Modell, eine Berechnung bzw. eine Vorführung) vor Ort zu zeigen?
- Welche konkreten Vorschläge für noch offene Zusatzpotenziale könnten Sie ausarbeiten und vorlegen?

Es gibt noch eine ganze Reihe weiterer Aspekte, die es bei einer Preisverhandlung zu berücksichtigen gilt. Diese werden in Abschn. 8.8 näher erläutert.

8.5.3 Kunden richtig einschätzen

Clevere Verkäufer sprechen nicht bei jedem Einkäufer- bzw. Kundentyp die gleichen Aspekte an. Sie wissen, dass nicht jeder Verhandlungspartner mit dem gleichen argumentativen Konzept behandelt werden sollte, sondern die passenden Argumente, abgestimmt auf den individuellen Typ des jeweiligen Verhandlungspartners, entscheidend für den Verhandlungserfolg sein können.

1. Der Problemkunde

- Dieser Kundentyp hat einen akuten Bedarfsfall bzw. ein Problem.
- Er möchte, dass ihm sofort geholfen wird.
- Er steht häufig unter Zeitdruck und hat ein hohes Sicherheitsbedürfnis.
- Er kauft nur, wenn Sie ihm zeigen, wie er sein Problem zügig in den Griff bekommt.
- Dann akzeptiert er gegebenenfalls auch höhere Preise als üblich

2. Der Unentschlossene

- Ein unentschlossener Kunde hat noch keine genauen Vorstellungen von dem, was er kaufen möchte.
- Er ist, auch preislich gesehen, leicht beeinflussbar.
- Der Verkäufer sollte ihm helfen, seinen Bedarf und seine tatsächlichen Wünsche genauer zu analysieren. Dazu sollten viele offene Fragen zur Klärung gestellt werden.
- Wie kann der Verkäufer dem unsicheren Kunden dabei behilflich sein, seine Wünsche zu erkennen und in Zukunft noch erfolgreicher zu sein?

3. Der Zielstrebige

- Ein zielstrebiger Einkäufer weiß ganz exakt, was er kaufen möchte.
- Er hat ganz klare Angebots- und Preisvorstellungen.
- Hier bitte keine langen Detaildiskussionen führen, die viel Zeit erfordern.
- Bitte, falls nicht unbedingt notwendig, keine Alternativen aufzeigen, sondern einfach die exakte Vorstellung des zielstrebigen Kundentyps erfüllen und erst anschließend eine zusätzliche passende Leistung bzw. ein ergänzendes Produkt vorschlagen.

4. Der Gewinner

- Gewinnerkunden bzw. -einkäufer haben schon alles, was sie brauchen.
- Sie schwimmen im Erfolg, haben genügend Geld und bereits zahlreiche Lieferanten.
- Hier ist es sehr wichtig, v. a. die Beziehungsebene anzusprechen.
- Der Gewinnerkunde kauft v. a. bei jemandem, weil er ihm sympathisch ist und ihm sein Leben bequemer oder angenehmer gestaltet.
- Er reagiert gut auf interessante Bilder und Filme. Von zu vielen Fakten und Diagrammen fühlt er sich schnell gelangweilt.
- Er legt häufig Wert auf Prestige, ist markenbewusst und liebt das Außergewöhnliche bzw. Exklusive.
- Seine Entscheidungen trifft er oft spontan und impulsiv. Wenn ihm etwas gefällt, möchte er es, fast um jeden Preis, sofort kaufen. Die Frage ist nur, ob ihn der Verkäufer auch kaufen lässt.
- Nun haben Sie vier wichtige Kundentypen kennengelernt. Gerne können Sie nun einmal bitte kurz überlegen, welche der vorgestellten Charaktere bei Ihren Schlüsselkunden auf welchen Ebenen am häufigsten vertreten sind.

8.5.4 Chancenpotenziale ansprechen

Eines von vielen Merkmalen, die Spitzenverkäufer von durchschnittlichen Vertriebsmitarbeitern unterscheidet, ist das aktive Vorschlagen sinnvoller Produkte oder Leistungen.

„After the show is before the show"
Wenn der Kunde Ihr Angebot annimmt oder ablehnt, beginnt das Verkaufen erst richtig. Clevere Verkäufer bedanken sich nun nicht einfach und verabschieden sich, sondern sie sprechen gerade jetzt wertvolle weitere Chancenpotenziale des Kunden an.

Spitzenverkäufer machen mehr Vorschläge als ihre durchschnittlichen Kollegen

Topverkäufer überraschen ihre Kunden positiv, indem sie unaufgefordert Vorschläge zur Lösung individueller Kundenprobleme präsentieren. Für ein mittelständisches Unternehmen führten wir folgenden Test durch:

Wir teilten die Vertriebstruppe, bestehend aus zwölf Außendienstmitarbeitern, in zwei Gruppen mit je sechs Mitarbeitern. Gruppe 1 sprach Zusatzvorschläge bei bestehenden Kunden im persönlichen Gespräch nur kurz mündlich an. Gruppe 2 nahm ein individuell auf den Kunden zugeschnittenes schriftliches Angebot zu einem Zusatzpotenzialbereich mit, legte es dem Kunden vor und besprach es ausführlich mit ihm.

Der schriftliche Angebotsvorschlag enthielt, neben der Erwähnung eines besonderen Grundes, weshalb es sich gerade jetzt lohnt, das Angebot in Anspruch zu nehmen, auch eine zeitlich begrenzte Gültigkeit. Hierbei gilt es zu betonen, dass das Angebot vom Kunden vorher nicht angefordert, sondern unaufgefordert vom Verkäufer erstellt und mitgebracht wurde. Selbstverständlich bauen die besten Angebotsvorschläge auf tatsächlichen Chancenpotenzialen des Kunden auf, die im Vorfeld vom Verkäufer analysiert werden sollten.

Das Ergebnis: Die zweite Gruppe mit den konkreten, schriftlichen Angebotsvorschlägen erzielte wesentlich bessere Abschlussergebnisse. Das heißt in diesem Fall: Je konkreter ein Vorschlag zu einem Zusatzpotenzial präsentiert wird, umso höher ist die Wahrscheinlichkeit, dass ein Kunde ihn akzeptiert. Viele Vertriebsmitarbeiter verschenken hier eine wertvolle Chance, da sie entweder gar keine Zusatzvorschläge machen oder diese zu unverbindlich und nicht konkret genug präsentieren.

Wenn Sie sich nun grundsätzlich vorstellen können, dass konkrete Angebotsvorschläge auch in Ihrer Vertriebstruppe zu mehr Zusatzaufträgen führen, dann stellen Sie sich bitte einmal folgende drei Fragen zu diesem Thema:

1. Welche Chancenpotenziale sehen Sie bei Ihren wichtigsten Bestandskunden?
2. Welche konkreten Angebote zu den erkannten Zusatzpotenzialen könnten Sie für Ihre einzelnen Kunden erstellen?
3. Welche zeitliche Begrenzung und welchen besonderen plausiblen Grund zur Entscheidungsbeschleunigung könnten Sie im Angebot erwähnen?

Neben den genannten Faktoren, die bei Ihrer Angebots- bzw. Preisverhandlung eine wichtige Rolle spielen, halte ich persönlich eine fundierte Analyse der noch zu erschließenden Potenziale Ihrer einzelnen Kunden für elementar, um Ihren Verhandlungserfolg zu steigern.

Dabei sollten, neben den bereits bestehenden und abgedeckten Potenzialen und den durch Wettbewerber verdeckten Potenzialfeldern, v. a. die Zusatz- bzw. Chancenpotenziale analysiert werden. Dies sind für Sie neu zu erobernde und aktiv in Verhandlungen anzusprechende Bedarfe. Wichtig ist hierbei auch, die Verkäufer im Hinblick auf das Erfragen der Potenziale zu schulen.

Ein Verkäufer, der von seinem ersten Besuch bei einem Großkonzern zurückkehrte, meinte: „Dieses Unternehmen hat leider keinen Bedarf. Das hat mir der Einkäufer Müller gesagt." Diesem Verkäufer war leider offensichtlich nur ein Bruchteil der tatsächlich vorhandenen Chancenpotenziale bekannt. Doch wo liegt die Ursache dafür? Er hatte nur mit einer Person über ein einziges Bedarfsfeld gesprochen. Bei anderen Potenzialbereichen bzw. weiteren Ansprechpartnern aus anderen Abteilungen innerhalb dieses Großunternehmens muss es doch möglich sein, neue Chancenpotenziale bzw. Auftragschancen zu entdecken.

Aus den einzelnen Kundenpotenzialen im Verkaufsgebiet ergibt sich übrigens dann ein sog. Gesamtpotenzial. Die Anzahl der Kontakte bei Kunden wird dabei nicht nur nach Umsatz, sondern auch nach dem Chancenpotenzial und gegebenenfalls den zu erwartenden Deckungsbeiträgen gewichtet. Selbstverständlich können Sie Ihre individuelle Potenzialanalyse noch durch weitere – in Ihrer Branche sinnvolle – Kriterien, wie z. B. die Bonität oder die Ertrags- bzw. Zukunftsaussichten Ihres Kunden, ergänzen.

8.6   Preisclever anbieten

8.6.1 Umgang mit Kundenanfragen

Ein weltweit tätiges Unternehmen mit sehr vielen Verkäufern wollte es einmal genau wissen: Weshalb erzielen einige unserer Vertriebsmitarbeiter wesentlich höhere Auftragsquoten als andere, obwohl beide Gruppen ein vergleichbares Sortiment anbieten? Es ging also darum, das Erfolgsgeheimnis der ersten Gruppe zu lüften und anschließend auf die zweite zu übertragen.

Also begann man zuerst, die Verkäufer aus der Gruppe mit unterdurchschnittlichen Auftragsquoten folgendermaßen zu befragen: „Wie kam die Anfrage des Kunden zu Ihnen?" Viele Verkäufer aus dieser Gruppe meinten: „Per E-Mail. Es stand alles detailliert darin, was der Kunde benötigte." „Und was haben Sie dann gemacht?" „Ich habe das Angebot kalkuliert, geschrieben und dem Kunden zugemailt."

In der Gruppe mit den überdurchschnittlich guten Auftragsquoten wurden die Anfragen den Verkäufern auch häufig per E-Mail zugeschickt. Sie waren auch detailliert beschrieben. Allerdings berichteten die Mitarbeiter aus der zweiten Gruppe mit den höheren Auftragsquoten viel häufiger beispielsweise Folgendes: „Nachdem ich die Anfrage gelesen habe, habe ich den Kunden angerufen und mit ihm über sein aktuelles Projekt gesprochen. Ich fragte ihn, ob das Projekt terminlich eng sei und ob er ausreichend Mitarbeiter im Einsatz habe. Der Kunde meinte daraufhin, das Projekt sei zeitlich äußerst eng getaktet, er bekäme auf dem Bau sowieso nicht genügend Mitarbeiter und hätte eigentlich für diese Baustelle zwei Fachkräfte zu wenig im Einsatz. Daraufhin schlug ich ihm ein Schnellmontagesystem vor, dessen Einsatz zwar etwas teurer, jedoch auch zeitsparender ist. Der Kunde fand diesen Vorschlag gut. Dann fragte ich, welche weiteren Projekte noch anstünden und erfuhr, dass er auch noch für eine zweite Baustelle Bedarf hatte. So kam es dazu, dass ich für den Kunden ein Angebotspaket für gleich zwei Baustellen zusammenstellen konnte – mit einer höheren Auftragssumme, als ursprünglich vorgesehen war. Er hat dies dann auch so bestellt."

Das systematische Hinterfragen bereits in der Anfragephase, also bevor ein Angebot erstellt wird, kann die Auftragsquote und die Auftragswerte positiv beeinflussen. Das Erfragen spezieller Kundenanforderungen und möglicher Zusatzbedarfe sowie die Frage nach weiteren anstehenden Projekten gehören hier beispielsweise dazu.

Sie sehen an dem vorgenannten Beispiel sehr deutlich: Um etwas bessere Preise beim Einkäufer durchzusetzen und mögliche Zusatzpotenziale zu erkennen, ist das systematisch geführte Vorgespräch über die Kundenanfrage extrem wichtig.

Mögliche Formulierungen zum Hinterfragen von Kundenanfragen
Verfügen Ihre Verkäufer bereits über eine schriftliche Checkliste mit den wichtigsten Aspekten für das Hinterfragen der Anfragen Ihrer Kunden? Diese könnte beispielsweise folgende Fragen enthalten:

Checkliste zum Hinterfragen der Kundenanfragen

1. Welche Artikel wurden bereits bezogen?
2. Welche Preise und Konditionen hat Ihr Kunde bisher?
3. Welche offenen Punkte gibt es noch aus Kundensicht?
4. Auf welche Probleme und Eckdaten aus dem Vorgespräch kann Bezug genommen werden?
5. Welche Potenziale deckt der Wettbewerb bereits ab?
6. Welche vertraglichen Bindungen zur Konkurrenz bestehen, bis wann?
7. Welche neuen Chancenpotenziale könnten Sie in welcher Höhe noch erobern?
8. Bis wann besteht der Bedarf in welchen Potenzialbereichen und in welcher Höhe?
9. Für welchen Zweck werden die angefragten Produkte bzw. Leistungen eingesetzt?
10. Ist es Ihrem Kunden möglich, eine höhere Stückzahl als angefragt abzunehmen?
11. Wie sieht die Budgetvorstellung des Einkäufers aus?
12. Welche besonderen Spezifikationen und Anforderungen werden benötigt?
13. Welche Alternativen wären für Ihren Kunden sinnvoll?
14. Welche Zusatzangebote können Sie aktiv vorschlagen?

Die Qualität des Vorgespräches ist entscheidend

Was mich immer wieder erstaunt, ist die Art und Weise, wie im Vorfeld der Angebotserstellung Vorgespräche mit Kunden geführt werden.

Beispielsweise benötigten wir neue Fenster für unser Haus. Es ging darum, die alten Holzfenster durch neue Fenster aus Kunststoff zu ersetzen. Einer der ersten Fensteranbieter, ein uriger Bayer, kam zu uns, lief zügig durch die Räume und schrieb nichts auf. Nahm auch kein Maß. Und auf meine Frage, ob er denn nicht etwas für sein Angebot notieren wolle, antwortete er: „Das behalte ich alles in meinem Kopf." Bewundernswert, solch ein Gedächtnis zu haben, dachte ich mir. Als es um das Dachfenster ging, meinte er nur: „Da kann es große statische Probleme geben". Da ich kein Bauprofi bin und leider auch keine Ahnung von Statik habe, war ich äußerst beunruhigt.

Lösungen statt Probleme schildern

Ein weiterer Anbieter machte auf uns einen wesentlich kompetenteren Eindruck. Er maß alle Fenster genau aus, machte sich Notizen und dann, als es um ein Dachfenster ging, meinte er: „Eine Fensterbreite von zwei statt drei Sparren würde Ihnen doch auch genügen, oder? Denn dann bräuchten Sie keine zusätzliche statische Berechnung." „Einverstanden", stimmte ich zu. Besonders gut fanden wir die Idee dieses Fensterbauers, unsere alten Rollladenkästen komplett zu entfernen. Er meinte: „Die alten Kästen sind nur unnötige Kältebrücken. Und wenn Ihre Frau sowieso Innenrollos bevorzugt, könnten die Fenster dadurch größer sein und es würde entsprechend mehr Licht in die Innenräume fallen." „Prima Idee", entgegneten wir.

Kunden durch sinnvolle Vorschläge positiv überraschen

Was möchte ich damit sagen? Ich finde es einfach ausgezeichnet, wenn Verkäufer von sich aus für ihre Kunden mitdenken und Vorschläge im Sinne der Gesprächspartner unaufgefordert unterbreiten. Überlegen Sie bitte einmal, ob dies nicht auch für Ihre Verkaufstruppe eine enorme Chance sein könnte? Wie sollte dies nun konkret umgesetzt werden? Wie könnten Sie durch aktive Vorschläge der Verkäufer mehr Zusatzaufträge von Einkäufern erhalten?

Zusatzleistungen aktiv ins Spiel bringen
Wissen Ihre Vertriebsmitarbeiter, dass häufig an angebotenen Zusatzleistungen – beispielsweise im Servicebereich – prozentual gesehen mehr verdient wird, als an physischen Produkten? Schlagen Ihre Vertriebsmitarbeiter in Angebotsgesprächen diese ertragreichen Zusatzleistungen auch aktiv vor?

Individualaufschläge bei Sonderwünschen
Ein gutes Beispiel hierfür ist das unterschiedliche Verhalten von zwei Anbietern aus dem Druckbereich. Bei einer Druckerei bittet der Kunde den Mitarbeiter noch um zahlreiche Änderungen, beispielsweise möchte er hier noch einen zusätzlichen Absatz einfügen und dort noch ein Extrabild platziert haben. Der Mitarbeiter des Druckunternehmens führt diese gewünschten Änderungen auch jedes Mal brav durch, ohne dass dem Kunden auch nur ein Cent dafür extra berechnet wird. Weiß der Chef dieser Druckerei, wie viel Geld ihm hier im Laufe eines Jahres unnötigerweise durch die Lappen geht?

Fordert der Kunde Änderungen in ähnlichem Maße bei der anderen Druckerei, wird er freundlich darauf hingewiesen, dass man seine zusätzlichen Wünsche natürlich gerne umsetzt, nach Aufwand erfasst und später berechnet. Kleinvieh macht auch Mist. Und am Jahresende kommen schöne Summen für zusätzlich berechnete Leistungen zusammen.

Preiserhöhung bei einmaligen, schwer vergleichbaren Angeboten
Teilweise fragen Kunden einmalige, noch nie vorher angefragte Angebote an, die nur schwer vergleichbar sind. Wenn also ein reicher Kunde aus Saudi-Arabien beim österreichischen Bauunternehmer die Verlegung des Schwimmbads in seinem Landhaus vom Erdgeschoss in das dritte Stockwerk anfragt, ist der Zeitpunkt für eine Preisanpassung, im Vergleich zum Umbau eines Standardschwimmbads, gekommen.

Beziehen Sie bitte auch Ihre Kollegen aus dem Innendienst mit ein
Angebotsgespräche mit Einkäufern und sonstigen Kunden betreffen heute auch zunehmend Innendienstmitarbeiter. Auch hier versuchen Einkäufer, z. B. bei telefonischen Anfragen, Preise systematisch zu drücken und einmal gewährte Nachlässe auf Dauer festzuzurren. Deshalb ist es entscheidend, nicht nur Mitarbeiter aus dem Außendienst bzw. der persönlichen

Kundenberatung vor Ort in Sachen Preiskommunikation auszubilden, sondern auch Ihre Innendienstmitarbeiter aktiv miteinzubeziehen.

8.6.2 Zusatzverkäufe steigern

Im Innendienstbereich habe ich im Callcenter eines großen Unternehmens, das im Lebensmittelbereich regelmäßig Tausende von Kunden beliefert, einmal zu meinem Erstaunen erlebt, wie die Innendienstmitarbeiterin freundlich die Bestellung eines langjährigen Kunden entgegennahm, alle Bestellwünsche notierte, den voraussichtlichen Zustelltermin nannte und sich dann für das Gespräch bedankte. Was fehlte, waren eindeutig Zusatzvorschläge. Wenn der Kunde einen bayerischen Leberkäse bestellt, dann schlägt ihm eine cleverere Verkäuferin natürlich gleich den passenden süßen Senf dazu vor.

Haben Ihre Innendienstmitarbeiter bereits eine Anfrage-und-Vorschlag-Liste mit möglichen Zusatzvorschlägen für Kundenanfragen? In Tab. 8.2 finden Sie dazu Beispiele aus unterschiedlichen Branchen.

Bei einem Kunden aus dem Handel konnten die Innendienstmitarbeiter den Umsatz u. a. durch die Einführung einer Anfrage-und-Vorschlag-Liste um einen zweistelligen Prozentbetrag steigern. Um entsprechend geeignete Zusatzvorschläge unterbreiten zu können, ist es wichtig, dass Ihre Innendienstmitarbeiter auch, genau wie die Mitarbeiter in der Kundenberatung, über eine Potenzialübersicht verfügen, die sich schnell am PC bzw. Laptop öffnen lässt, sobald der Einkäufer anruft. In dieser Übersicht sieht der Innendienstmitarbeiter auf einen Blick, aus welchen

Tab. 8.2 Behauptungen und Beweise gekonnt einsetzen

Kunde fragt Folgendes an	Verkäufer schlägt dazu vor
Verpackungsmaschine	Geeignetes Förderband und Verbrauchsmaterial
Italienisches Olivenöl	Italienischer Essig
Spanischer Reitsattel	Passende Reitdecke
Druckmaschine	Entsprechenden Servicevertrag
Armatur für ein Rohrnetz	Passendes Rohrsystem
Neuer Stent für eine kardiologische Operation	Geeignete Schulung des Operationspersonals

Produktgruppen der betreffende Kunde bisher wie viel und wann bestellt hat und in welchen Angebotsbereichen noch Potenziale vorhanden sind, zu welchen er dann aktiv am Telefon passende Zusatzvorschläge unterbreiten kann.

> Denken Sie bitte daran: Ein Verkäufer, der keine Zusatzvorschläge macht, verkauft auch nicht mehr, als ursprünglich angefragt wurde. Sein Kollege, der aktiv Gelegenheiten zum Zusatzkauf ins Spiel bringt, verkauft auch nicht bei jedem seiner Kunden mehr. Doch wenn er zum Schluss bei jedem vierten oder fünften Einkäufer einen Zusatzauftrag platziert, lohnt sich dies ganz bestimmt für ihn selbst und auch für seinen Arbeitgeber.

8.6.3 Tipps für Ihre Gesprächsführung

Eine gute Gesprächsführung zeichnet sich v. a. dadurch aus, dass sich Ihr Verhandlungspartner bei Ihnen besser verstanden und besser betreut fühlt als bei Ihrem Wettbewerber.

Deshalb empfehle ich Ihnen folgende Vorgehensweise in Gesprächen:

1. Hören Sie der Kundenaussage bitte genau zu, wiederholen Sie diese anschließend sinngemäß und äußern Sie bitte gegebenenfalls Verständnis.
2. Formulieren Sie eine Chancenaussage, also eine lösungsorientierte Aussage, die Ihrem Kunden das Leben einfacher und so bequem wie möglich macht, wie z. B.: „Herr Kunde, Sie haben momentan einen enormen Zeitdruck. Ich schlage Ihnen vor, dass wir die zeitraubende Lagerdisposition gerne komplett für Sie übernehmen."
3. Stellen Sie weiterführende Fragen, z. B.: „Ich verstehe, Herr Einkäufer, Ihre Ware ist versehentlich an das Unternehmen im Nachbarhaus geliefert worden und nun zu uns zurückgeschickt worden. Das tut mir leid. Heißt das, wir sollten in Zukunft nicht an die Schillergasse 6, sondern an die Nummer 7 liefern? Wäre es Ihnen recht, wenn ich Ihr Paket gleich heute nochmals per Express an Sie rausschicke?"
4. Machen Sie sich zu Beginn das Ziel Ihres Gesprächs bewusst.
5. Lassen Sie den Einkäufer ausreden, unterbrechen Sie ihn nicht.

6. Versuchen Sie, auf die Wünsche und Bedürfnisse Ihres Gesprächs-partners zu achten und – sofern möglich – sinnvoll darauf einzugehen.

7. Vermeiden Sie bitte unnötige Fachausdrücke, es sei denn, Sie führen ein Fachgespräch unter Technikern.

8. Verzichten Sie bitte auf provozierende Aussagen, auch wenn sie spa-ßig gemeint sind. Ein Beispiel: Einmal war ich mit einem Verkäufer unterwegs, der seinem Kunden ein neues technisches Gerät zeigte und zu ihm sagte: „Unser neues Produkt ist so einfach, das begreifen sogar Sie." Solch eine Aussage ist für viele Kunden pro-vozierend und kann u. U. einen Einkäufer so verärgern, dass er den Lieferanten wechselt.

9. Gute Stimmung überträgt sich. Denken Sie daran: Wenn Sie selbst gut gelaunt sind, überträgt sich Ihre gute Stimmung auf Ihre Kunden.

10. Passen Sie sich an die Sprechgeschwindigkeit Ihres Gegenübers an.

11. Halten Sie Versprechen ein.

12. Treffen Sie bitte keine vorschnellen Aussagen.

13. Nennen Sie ab und zu den Namen Ihres Gesprächspartners.

14. Unnötige Nebengeräusche sollten Sie abstellen. Wenn gerade der Drucker im Hintergrund rattert oder zwei Kollegen sich unter-halten, macht dies keinen guten Eindruck auf Ihre Kunden.

15. Überraschen Sie Ihren Kunden positiv, wenn er es nicht erwartet. Bringen Sie ihm beispielsweise etwas mit, mit dem er nicht gerechnet hat, z. B. einen interessanten Zeitungsartikel zu einem Thema, das Ihren Kunden interessiert. Oder übertreffen Sie seine Erwartungen, indem Sie besonders großen Einsatz zeigen oder eine hervorragende Leistung erbringen.

Den Verkaufserfolg nicht selbst infrage stellen

Schlechte Verkäufer stellen den Verkaufserfolg häufig selbst infrage, indem sie viele indirekte Aussagen, Abschwächungen bzw. Fragen verwenden, z. B. „Ich weiß ja nicht, welche weiteren Drucksachen Sie sonst noch einsetzen könnten. Falls ich es wüsste, könnte ich Ihnen natürlich gern ein Angebot dazu unterbreiten, sofern Sie dies wünschten." Diese indirekten Formulierungen wirken unsicher und unprofessionell. Viel schöner wäre es doch, wenn der Verkäufer den Einkäufer direkt und offen fragen würde: „Welche Arten weiterer Drucksachen setzen Sie noch ein? Und in welchen Mengen?"

8.6.4 Wackelaussagen

Einige Vertriebsmitarbeiter im Innen-, aber auch im Außendienst, neigen dazu, Wackelaussagen in Gesprächen mit Einkäufern zu verwenden, also beispielsweise folgende:

- „Ganz bestimmt ist das so."
- „Ich meine wirklich, dass das funktioniert."
- „Eigentlich machen wir das schon."
- „Es sollte schon klappen."

Natürlich reiben sich Einkäufer bei solchen Aussagen glücklich die Hände, weil sie hier gekonnt einhaken können, wie beispielsweise bei der folgenden Aussage eines Verkäufers: „Der Liefertermin müsste schon klappen." Daraufhin meint der Einkäufer: „Ja, was soll das denn jetzt heißen? Klappt es, oder klappt es nun nicht mit Ihrem angekündigten Liefertermin? Sie sind sich ja offensichtlich selbst nicht sicher."

Haben Sie schon einmal überlegt, weshalb die genannten Aussagen so unsicher wirken? Einen erheblichen Unsicherheitsbeitrag leisten hier die sog. Füllwörter *eigentlich* und *schon* oder der Konjunktiv *müsste*.

Sagen Sie bitte lieber es klappt, anstatt es müsste klappen und verzichten Sie auf das Füllwort *eigentlich* – v. a. im Preisgespräch. Damit es Ihnen nicht so geht wie einem Verkäufer, der auf die Frage des Einkäufers, was er denn noch am Preis nachlassen könnte, meinte: „Eigentlich nicht mehr viel." „Ach so", sagte der Einkäufer daraufhin: „Na, dann sagen Sie doch mal, wie viel Prozent ‚eigentlich nicht mehr viel' bedeutet."

Auch Aussagen mit belehrendem Unterton sollten die Mitarbeiter in Gesprächen mit Einkäufern unbedingt vermeiden, beispielsweise:

- „Sie müssen …"
- „Ich habe Ihnen doch schon einmal gesagt, dass …"

- „So wie Sie macht man das heute nicht mehr …"
- „Für Sie ist es das Beste, wenn Sie …"

Abschließend lässt sich feststellen, dass es gerade bei der gekonnten Gesprächsführung nicht nur darauf ankommt, was Sie sagen, sondern v. a. auch darauf, wie Sie etwas formulieren.

8.7   Angebotspräsentationen vor Entscheidern

Vor einiger Zeit hatte ich die Aufgabe, die Projektingenieure und Key Account Manager eines internationalen Konzerns in Sachen Präsentationstechnik zu schulen. Zuerst einmal fragte ich, wie denn das inhaltliche Programm bzw. die Agenda für die Präsentation aussehe. Die Vertriebsingenieure zeigten mir dazu auf einer DIN-A4-Seite einen inhaltlichen Ablauf. Ich fragte: „Haben Sie die Inhalte des Programms vorher mit den Ansprechpartnern, die auf der Kundenseite an der Präsentation teilnehmen, abgestimmt?" „Nein leider nicht, das haben wir bisher noch nie gemacht", sagte man mir.

Ich empfehle dies jedoch unbedingt, denn Ihre Präsentation wird dann weitaus mehr wertgeschätzt und auch die Treffsicherheit Ihrer inhaltlichen Argumente wird enorm gesteigert. Durch die Vorababstimmung der Agenda fällt Ihnen sofort auf, welche Aspekte Ihrem Kunden besonders wichtig sind. Dafür können Sie eventuell auf andere (ursprünglich geplante) Elemente ganz verzichten.

Den Inhalt klar strukturieren
Wichtig ist zudem eine klare Strukturierung des Inhalts in Haupt- und Unterargumente.

Wenn Sie beispielsweise vier Hauptargumente und jeweils drei Unterargumente zu den Inhalten Ihrer Präsentation aufbauen, bleiben Sie flexibel. Denn Sie können dann auch kurzfristig reagieren, falls Ihr Kunde zu Ihnen sagt: „Sie hatten ja ursprünglich eine ganze Stunde Zeit für Ihre Präsentation, doch wir müssen jetzt schon in 20 min zum Flughafen." Dann sparen Sie natürlich nicht bei den Hauptargumenten, die in der Agenda angekündigt wurden und von Ihrem Kunden erwartet werden, sondern bei dem einen oder anderen Unterargument. Dies fällt kaum auf, denn die Haupterwartungen Ihres Kunden werden ja erfüllt.

Einen außergewöhnlichen Einstieg wählen
Häufig ist der Einstieg bei Präsentationen zu normal. Indem man alle Anwesenden mit „Sehr geehrte Damen und Herren, es freut mich, dass Sie heute zuhören" begrüßt, lockt man niemand mehr hinter dem Ofen hervor und hebt sich nicht positiv aus der Masse der Anbieter ab.

Deshalb empfehle ich Ihnen, Ihre Präsentation mit einem besonderen, nicht alltäglichen Einstieg zu beginnen. Mögliche Beispiele:

- Sie steigen mit einem Vorher-Nachher-Bild ein, das den Nutzen Ihres Angebots für den Kunden drastisch darstellt. Beispielsweise könnte ein Sanitärunternehmer das Bild eines Badezimmers vor und nach der Sanierung zeigen.
- Sie zeigen ein Diagramm, das die bisherigen Energiekosten mit den zukünftigen vergleicht und dem Kunden drastisch vor Augen führt, dass er bis zu 100.000 EUR in fünf Jahren einsparen kann.
- Einen tollen Aha-Effekt erzeugen Sie, wenn Sie zu Beginn Ihrer Präsentation eine Expertenfrage stellen, die Bezug zur Branche Ihres Kunden hat, auf die jedoch keiner der Anwesenden eine exakte Antwort kennt – außer Ihnen natürlich. Und schon haben Sie Ihren Expertenstatus untermauert. Also könnte beispielsweise der Bankberater in seinem Vortrag fragen, welche Kantenlänge ein Würfel hätte, der alle Goldvorkommen der Erde umfasst und dann als Einziger die exakte Antwort kennen. (Es wäre übrigens eine Kantenlänge von nur 20 Metern.)
- Sie zitieren aus einer neuen gesetzlichen Verordnung, die Ihr Kunde noch nicht kennt, um ihn neugierig zu machen.

Tipp
Neue gesetzliche Vorschriften können übrigens auch ein guter Türöffner bei der Neukundengewinnung sein. Besonders dann, wenn Sie Ihre Kunden als erster Anbieter auf dem Markt darauf hinweisen.

Hierzu ein Beispiel: Als die Europäische Union neue Sicherheitsvorschriften für Gebäude ab einer gewissen Höhe plante und anschließend einführte, konnten die Verkäufer eines Unternehmens aus der Gebäudetechnik diese wichtige Information als Eisbrecher im Erstkontakt gekonnt nutzen und dadurch zahlreiche Aufträge von neuen und bestehenden Kunden gewinnen.

Bitte keine Superlative verwenden

Zurück zum Präsentationsbeispiel. Neben der mangelnden Abstimmung mit den Gesprächspartnern im Vorfeld kam hinzu, dass in jedem dritten Chart eine Superlativaussage – wie beispielsweise: „Wir sind der führende Anbieter für …", „Bei uns erhalten Sie die innovativste Technik auf dem Markt …" etc. – enthalten war.

Sehr schade, denn Superlativaussaugen wirken auch bei Präsentationen vor mehreren Ansprechpartnern wenig überzeugend, sondern eher überheblich.

Anstatt zu behaupten „Wir sind der beste Anbieter", wäre es überzeugender zu sagen „Wir sind einer der besten Anbieter auf dem Markt." Sicher ist diese Formulierung für viele Ihrer Kunden auch glaubwürdiger.

Den Einkäufer und seine Kollegen neugierig machen

Um Ihre Verhandlungspartner zu Beginn neugierig zu machen, können Sie Ihrem Produkt, Konzept bzw. Projekt einen Ihrem Gesprächspartner unbekannten Namen geben, der einen realistischen Bezug zu Ihrer Branche hat.

Aus welchem Grund verwenden wir diese Strategie? Ganz einfach, wiederum um den Einkäufer damit weg vom Preisthema und hin zur Leistung zu bringen. Beispielsweise könnten Sie den Einkäufer folgendermaßen auf Ihr Angebot neugierig machen: „Einer unserer Kunden setzt bereits den neuen energiesparenden Smartsafe-Antrieb ein und spart damit, nach eigenen Aussagen, im Schnitt 3 Liter Kraftstoff auf 100 km ein. Aber lassen Sie uns zu Ihrem Angebot zurückkommen." Nun reden Sie über ein anderes Thema und erwähnen nichts mehr vom Smartsafe-Antrieb.

Was glauben Sie, was die meisten Kunden nach ein paar Minuten machen? Richtig, sie fragen: „Was ist denn eigentlich dieser Smartsafe-Antrieb genau? Wie funktioniert er?" Und schon haben Sie den Kunden dort, wo Sie ihn haben wollten, nämlich nicht mehr im Preis-, sondern im Leistungsbereich.

Diese Technik lässt sich übrigens auch hervorragend zur Einführung neuer Technologien oder Produkte einsetzen. Spulen Sie also nicht einfach die Vorteile eines neuen Produkts von A bis Z herunter, sondern machen Sie Ihren Kunden zuerst gekonnt neugierig, bis er nach dem für ihn unbekannten Begriff fragt. Denn dann haben Sie ihn sozusagen an der Angel.

Nicht gleich die Lösung bzw. das Produkt zeigen
Clevere Verkäufer überzeugen den Kunden zuerst vom grundsätzlichen Wert ihres Angebots und zeigen dann erst die konkrete Lösung.

Haben Sie schon einmal versucht, in persönlichen Präsentationen bzw. Verhandlungen nicht gleich alle Vorteile eines innovativen Angebots herunterzubeten?

Kein Wunder, dass eine Truppe von Medizinprodukteverkäufern wesentlich mehr verkauft, seit sie die folgende Technik anwendet: Statt, wie früher, das Produkt sofort zu zeigen und die Vorteile zu nennen, sagt der Verkäufer heute: „Herr Einkäufer, gerade habe ich mit einem Einkäufer von einer anderen großen Klinik gesprochen. Er berichtete mir, dass die Ärzte dort immer mehr Patienten und immer weniger Zeit hätten. Wie beurteilen Sie die Situation in Ihrem Krankenhaus?" Der Einkäufer stimmt dem zu: „Ich bin froh, dass ich kein Arzt bin, denn unsere Ärzte haben wirklich fast keine Zeit mehr für ihre Familien." „Das ist ja interessant. Dieser erwähnte Kollege meint, seit er das ‚Timesafe-System' einsetzt, könnten seine Ärzte bis zu einem Drittel an Operationszeit einsparen." Daraufhin sagt der Einkäufer: „Ach wirklich? Wie funktioniert dieses System denn genau?" Und schon hat der Verkäufer seinen Verhandlungspartner ohne viel Aufwand vom grundsätzlichen Nutzen seines Angebots überzeugt.

Einer der größten Fehler von Verkäufern ist es, gleich im Erstkontakt ein Produkt oder eine Leistung mit allen Vorteilen ausführlich zu beschreiben,

> ohne den Einkäufer zuerst vom grundsätzlichen Wert des Angebots vorab
> zu überzeugen. Zuerst sollte Ihr Kunde den Nutzen erkennen, der für ihn
> aus Ihrem Angebot resultiert. Dann erst sollte Ihr Verhandlungspartner, als
> logische Folge davon, Ihr Produkt bzw. Ihre Leistung näher kennenlernen
> und anschließend kaufen wollen.

Sagen Sie es bitte allen Ihren Vertriebsmitarbeitern: Zuerst sollte Ihr
Kunde den übergeordneten Sinn Ihrer Offerte erkennen und erst
dann, wenn er neugierig auf mehr ist, zeigen Sie ihm bitte das konkrete
Produkt bzw. nähere Details.

Viele Verkäufer machen hier den zweiten Schritt vor dem ersten und
wundern sich, dass ihre Abschlussquote zu gering ist.

Die Zuhörer aktiv miteinbeziehen

Zudem verpassen viele Verkäufer eine wichtige Chance, indem sie ihre
Präsentation einfach abspulen, ohne auch nur ein einziges Mal die Zuhörer
auf der Kundenseite miteinzubeziehen. Daher empfehle ich Ihnen, ab und
zu rhetorische Fragen zu stellen, um Ihre Zuhörer mit einzubinden.

Die Zustimmung sichern

Probate Mittel, um Ihnen die Zustimmung Ihrer Zuhörer zu sichern,
sind offene oder auch rhetorische Fragen.

Clevere Verkäufer setzen diese natürlich bei Argumenten ein, die
ihren Zuhörern sowieso am Herzen liegen. Das heißt: Sie beziehen die
Entscheider und Anwender des Kunden nicht bei fraglichen Aspekten
ein, sondern lieber dort, wo Sie sehr wahrscheinlich sowieso mit einer
Zustimmung des Kunden rechnen können. Hierzu ein Beispiel:

Wenn Sie im Vorgespräch zur Präsentation bei der Abklärung Ihrer
inhaltlichen Agenda erfahren, dass einige der später Anwesenden viel
Wert auf das Thema Anlagensicherheit legen, werden Sie natürlich
hierzu auch eine Zustimmungsfrage während Ihrer Präsentation stellen.
Also beispielsweise so: „Und hier sehen Sie unsere Anlagensicherung
namens ‚Secure plus' mit Dreifachschutz an der Schneidemaschine."
Und nun stellen Sie den Anwesenden eine passende Zustimmungsfrage:
„Wem von Ihnen liegt die Sicherheit Ihrer Mitarbeiter, gerade bei
Schneideanwendungen, nicht auch am Herzen?" Hier wird sich

kaum einer der Anwesenden dagegenstellen und Sie werden positive Antworten bzw. ein zustimmendes Nicken Ihrer Zuhörer erhalten.

Unwichtiges zuerst zu verhandeln, ist manchmal clever
Bei wichtigen Projekten, bei denen Sie mit starkem Gegenwind rechnen, ist es oftmals sinnvoll, nicht mit dem eigentlichen Hauptbestandteil Ihres Angebots zu starten, also beispielsweise mit dem Industriegebäude. Im Einzelfall wäre es angebracht, zuerst mit einem Nebenschauplatz, also z. B. mit dem Belag für den Weg zum Firmengebäude, zu beginnen. Daran können sich die Kritiker unter den Zuhörern dann abarbeiten. Und nachdem diese ihren Dampf abgelassen haben, gehen Sie gekonnt zum Hauptschauplatz über. Wenn dieser dann am späten Nachmittag oder abends verhandelt wird, wollen einige Anwesende endlich nach Hause. Die Wahrscheinlichkeit, dass über Ihr Hauptangebot gar nicht mehr so viel und kritisch diskutiert wird, steigt.

Einen Schluss gestalten, der in Erinnerung bleibt
In Flensburg war Windstärke zehn und in Bremen ebenfalls. In Flensburg sind drei Segler gekentert und ertrunken, in Bremen kein einziger. Woran lag es? Ganz einfach. In Flensburg meldete der Nachrichtensprecher: „Es werden orkanartige Windstärken und extremer Wellengang erwartet." In Bremen sagte sein Kollege genau dasselbe. Nur mit einem wichtigen Unterschied: Er fügte am Ende des Satzes hinzu: „Bitte segeln Sie sofort an das Ufer und begeben Sie sich in ein sicheres Gebäude an Land." Worauf ich abziele, ist besonders entscheidend für den Erfolg Ihrer Präsentation:

> Sagen Sie Ihren Zuhörern bitte am Ende einer Präsentation ganz genau, was sie tun sollen und wie es jetzt definitiv und in welchen nächsten Schritten mit dem gemeinsamen Projekt weitergeht.

Wie oft haben Sie und ich es schon erlebt, dass der Verkäufer nach der Präsentation sagt: „Vielen Dank für Ihre Aufmerksamkeit", und dann bedankt sich der Kunde schnell beim Präsentierenden und meint, dass er jetzt in die nächste Besprechung gehen müsste, da er schon knapp dran sei.

Deshalb verwenden Sie bitte nie die ganze Zeit, die Ihnen ein Kunde zur Verfügung stellt, auf den Vortrag. In diesem Fall bleibt Ihnen keine Zeit mehr, um nach Ihrer Präsentation die konkreten nächsten Schritte mit Ihrem Kunden zu besprechen. Dies empfehle ich Ihnen, damit Ihnen nicht dasselbe, wie dem Verkäufer in folgendem Beispiel, passiert: Er kommt nach seinem Kundentermin zum Chef und meint auf die Frage, wie es gelaufen ist: „Ich habe unseren Kunden alles präsentiert und erzählt, aber sie mussten anschließend gleich weg. Jetzt weiß ich auch nicht, ob aus dem Auftrag etwas wird."

Lassen Sie uns nun in Abschn. 8.8 das erfolgreiche Verhalten im Preisgespräch näher erörtern.

8.8   Verhalten im Preisgespräch

Insbesondere in Preisverhandlungen gilt es für clevere Verkäufer einige Grundsätze bei der Kommunikation mit Einkäufern zu beachten, die im Folgenden näher betrachtet werden.

8.8.1 Tipps für Ihr Gesprächsverhalten

Preisseite nicht zuerst ansprechen
Entscheidend ist, dass Verkäufer in Angebotsgesprächen mit Einkäufern die Preisseite nicht von sich aus ansprechen.

Wie oft habe ich erlebt, dass ein Verkäufer sein Angebot nachfasst und zu Beginn des Gesprächs den Einkäufer fragt: „Haben Sie mein Angebot bekommen?" Der Kunde entgegnet: „Ja, es liegt mir vor". Der Verkäufer fragt weiter: „Entspricht der Preis Ihren Vorstellungen?" Der Einkäufer antwortet mit einem entschiedenen Nein.

Welcher erfahrene Einkäufer würde hier nicht verneinen? Selbstverständlich muss ein guter Einkäufer immer erst einmal behaupten, dass ein Angebot zu teuer sei. Doch entscheidend ist, dass ein Verkäufer dann nicht einknickt und einen Rabatt gewährt, sondern den Einkäufer geschickt auf die Leistungsseite führt. Bitten Sie deshalb alle Ihre Verkäufer, auf das Argument „Zu teuer" des Einkäufers lieber mit der Gegenfrage „Im Vergleich wozu?" zu antworten. Denn diese Formulierung führt Ihren Verhandlungspartner automatisch weg von der Preis- und hin zur Leistungsseite.

Stolz sein

Immer wieder stellen wir schon in den Vorstellungsgesprächen fest, dass manche Verkäufer von vornherein ungeeignet sind, um mit dem nötigen Selbstbewusstsein zu verkaufen. Was meine ich damit?

Ein Verkäufer, der hochwertige Inneneinrichtungen unter das Volk bringen soll, selbst zu Hause aber keinen Wert auf eine schöne Einrichtung legt, ist kaum für die Erfüllung der geschilderten Aufgabe geeignet. Wenn ein Verkäufer nicht selbst überzeugt davon ist, dass dem Kunden heute nichts Besseres passieren konnte, als ihm und seinem besonderen Angebot zu begegnen, kann er gleich einpacken.

Ein guter Verkäufer ist stolz auf seine Angebote, wie ein Indianerhäuptling auf seine Büffel. Hervorragende Verkäufer fallen nicht beim ersten „Zu teuer" des Einkäufers um, sondern bringen einleuchtende Vorteile statt hoher Nachlässe ins Spiel.

Asynchrone Gesten einsetzen

Ein wichtiger Grundsatz bei der Körpersprache – gerade in persönlichen Preisgesprächen – ist es, keinesfalls synchrone Gesten zu verwenden. Also bitte nicht mit beiden Händen gleichzeitig fuchteln, wenn der Einkäufer meint: „Sie sind zu teuer!"

Untersuchungen haben gezeigt, dass Verkäufer, die asynchrone Gesten einsetzen (also nur beispielsweise mit einer Hand gestikulieren und nicht mit beiden gleichzeitig) überzeugender auf viele Kunden wirken: sowohl in Einzelgesprächen als auch bei Präsentationen vor mehreren Entscheidern. Zusätzlich achte ich darauf, dass ein Verkäufer auch dann seinen Blick stabil hält und nicht nach unten oder zur Seite abwendet, wenn der Einkäufer im Gespräch einen Nachlass fordert.

Nicht zu stark loben

Ein Verkäufer aus dem Klimasektor lobt die neue Klimaanlage über alle Maßen. Dazu zählt er erst einmal eine Viertelstunde lang eine Reihe von Vorteilen wie z. B. den guten Service, die FCKW-Freiheit und die hohe Produktqualität auf, bevor er dem Einkäufer sein Angebot übergibt. Dies lässt beim Kunden nur den Eindruck entstehen: Diese Offerte muss aber wahnsinnig teuer sein, wenn der Verkäufer sein Angebot so stark lobt und verteidigt, bevor er mit dem Preis rausrückt.

Nicht zögern, wenn der Preis klar ist

Der Einkäufer fragt Sie, nachdem der Leistungsumfang klar festgelegt wurde und Sie Ihr Angebot kalkuliert haben, nach dem Preis. Bitte nun nicht zu lange herumdrucksen, bis Sie ihn nennen. Das wirkt nur unbeholfen. Nennen Sie den Preis lieber so, als wäre er das Selbstverständlichste von der Welt.

Preise erfolgreich mitteilen

Insbesondere im Innendienst spielt es eine entscheidende Rolle, wie auf telefonische Preisanfragen von Einkäufern reagiert wird. „Was kosten denn drei Mobilbagger für eine Mietdauer von vier Wochen im Raum Erfurt bei Ihnen?", fragt der Kunde. Der Innendienstmitarbeiter meint daraufhin: „Diese Geräte kosten 12.800 EUR." Fällt Ihnen hier auf, wo die Optimierungschance liegt?

Der Innendienstmitarbeiter nennt den Preis so, dass der Einkäufer diesen als Letztes im Ohr hat. Und es hat sich gezeigt, dass in diesem Fall mehr Preiswidersprüche entstehen, also mehr Kunden sagen: „12.800 EUR ist aber ganz schön teuer, was können Sie denn da noch am Preis machen?" Deshalb empfehle ich Ihnen, den Preis mithilfe der Ablenkungsmethode zu kommunizieren. Sie antworten also dem Einkäufer auf seine Frage nach dem Preis so: „Die erst ein halbes Jahr jungen Mietgeräte liegen für die gesamte Mietdauer bei 12.800 EUR; und sollten wir diese dann nächsten Montag um 7.00 Uhr oder erst um 8.00 Uhr an die Baustelle liefern?"

Das heißt, Sie stellen vor den Preis ein Nutzenargument, in diesem Fall: „Die erst ein halbes Jahr jungen Mietgeräte", nennen dann den Preis ohne das Wort kosten bzw. kostet zu verwenden, denn dies klingt in den Ohren eines Einkäufers häufig eher negativ. Anschließend, also direkt nach der Nennung des Preises, wenden Sie nun bitte die Ablenkungsmethode an. Das heißt: Sie stellen gleich nach dem Preis eine Frage zu einem anderen Thema. Was geschieht dadurch? Ihr Kunde denkt sofort über etwas anderes als den Preis nach und versucht, im Idealfall, Ihre Frage zu beantworten. Und Sie reduzieren dadurch die Anzahl der Preisnörgelversuche ein wenig. Und genau dies möchten Sie ja sicherlich gern erreichen.

Preispausen einbauen

Pausen an der richtigen Stelle zu machen, ist wahrlich eine große Kunst. Insbesondere im Preisgespräch. Ich kenne einen Verkäufer, der grundsätzlich, wenn ihm ein Einkäufer sagt: „das ist mir zu teuer, Sie müssen mir mit mindestens fünf Prozent noch entgegenkommen", erst einmal antwortet: „Ich schaue mir gerade die Kalkulation an. Es tut mir leid, wir haben bereits aufs Äußerste für Sie als Stammkunde kalkuliert. Am Preis kann ich leider gar nichts mehr machen." Pause – und zwar für mindestens eine Minute. Denn wer jetzt als Erster wieder weiterspricht, hat verloren.

Der Verkäufer berichtet: „Es gibt immer wieder Kunden, die dann sagen: ‚Na ja, einen Versuch war es wert'. Doch wir brauchen die Geräte ja dringend für die Baustelle. Also bitte schicken Sie mir Ihre Auftragsbestätigung." Nur bei dem restlichen Anteil der Kunden, die trotz der Preispause noch weiternörgeln, leitet der Verkäufer dann zur Mal-angenommen-Methode über.

Aktiv Kundenleistungen einfordern

Dass Sie als guter Verkäufer niemals einen isolierten Rabatt geben, also bitte nicht einfach sagen: „Ich biete Ihnen fünf Prozent Nachlass an", versteht sich von selbst. Hier kommt die Einleitung „Mal angenommen …" ins Spiel.

Gewöhnen Sie sich bitte an, jedes vermeintliche preisliche Entgegenkommen immer mit der Formulierung „mal angenommen" einzuleiten, also beispielsweise: „Mal angenommen, Sie würden die Maschine mit Ihrem eigenen Lkw bei uns abholen, dann könnte ich Ihnen zwei Prozent, also 200 EUR Nachlass geben, sofern Sie mir den Auftrag jetzt zusagen." Das heißt, nach der Einleitung „Mal angenommen" folgt ein Vorschlag zu einer Leistung, die Sie von Ihrem Verhandlungspartner aktiv einfordern.

Verfügen Sie bzw. Ihre Kollegen aus dem Verkauf bereits über geeignete Checklisten zur Vorbereitung für harte Preisverhandlungen? Falls nicht, empfehle ich Ihnen als Erstes, eine Checkliste mit möglichen Gegenleistungen, die Sie vom Einkäufer im Preisgespräch aktiv einfordern können, vorzubereiten.

Hier einige Beispiele für Kundenleistungen, die Sie – falls dies in Ihrer Branche möglich ist – aktiv einfordern könnten:

1. Zusatzbestellung aus einem neuen Chancenpotenzialbereich
2. Längere Vertragsbindung
3. Auftragsabschluss jetzt sofort
4. Selbstabholung der Ware
5. Höheres Bestellvolumen
6. Als Referenzkunde zur Verfügung stellen
7. Bündelung als Paket mit einem weiteren Auftrag
8. Zahlung per Bankeinzug
9. Frühzeitigere Bestellung, dadurch niedrigere interne Kosten, die z. T. an den Kunden weitergegeben werden könnten
10. Optimierte Bestellmengen bzw. Lieferintervalle
11. Vorbereitende Leistungen, die Ihr Kunde im Vorfeld erledigt
12. Zusätzlicher Kauf von Serviceleistungen mit guter Ertragsspanne

Manche Verkäufer sagen zu mir: „Aber es kann doch auch sein, dass der Einkäufer eine vorgeschlagene Kundenleistung gar nicht für sinnvoll hält." Ja, das stimmt. Doch dann geben Sie ihm bitte trotzdem nicht einfach noch einen zusätzlichen Nachlass, sondern schlagen Sie ihm als Alternative bitte eine andere Möglichkeit des Entgegenkommens vor. Und wenn es Ihnen zum Schluss gelingt, zwar nicht in allen Verhandlungen mit Einkäufern eine durchzusetzen, sondern nur in jedem dritten Gespräch, dann haben Sie immer noch wesentlich besser – also mit höheren Deckungsbeiträgen – verkauft als ein Kollege, der keine Kundenleistungen aktiv vorschlägt und einen isolierten Rabatt gibt, also wertvolle Preisprozente einfach so verschenkt.

Spezifische Leistungsfragen stellen

Fragen Sie den Einkäufer im Preisgespräch bitte nicht: „Hat der Wettbewerber das Gleiche angeboten wie wir?" Denn diese geschlossene Frage beantworten die meisten Einkäufer mit einem klaren Ja.

Hinterfragen Sie besser gezielt einzelne spezifische Positionen, bei denen Sie stark sind und Ihr Wettbewerber schwächer ist. Also z. B.: „Welche Bezeichnung für die Stahllegierung wurde zum Härten der Kugellager im Angebot aufgeführt, die X- oder Y-Legierung?"

Das Gesetz der extremen Auswirkung anwenden

Einen der eklatantesten Fehler machen leider, nach meinen Erfahrungswerten, neun von zehn Verkäufern. Und Einkäufer stört dies ungemein. So berichtet mir ein Einkäufer eines mittelständischen Maschinenbaubetriebs:

> Ich bekomme oft Besuch von Lieferanten, die mir im Grunde genau dasselbe anbieten möchten. Alle wollen mir beispielsweise ein neues Antriebssystem verkaufen. Und alle Anbieter behaupten – wenn auch in Nuancen etwas unterschiedlich ausgedrückt: ‚Wir haben eine gute Qualität, langjährige Erfahrung, flexible Einsatzmöglichkeiten, kurzfristige Liefermöglichkeiten, fachkompetente Serviceunterstützung, einen zentralen Ansprechpartner etc.' Letztendlich behaupten also doch alle Anbieter das Gleiche und sind im Grunde austauschbar.

Recht hat er, zumindest in vielen Fällen. Einigen Verkäufern gelingt es einfach nicht, ihre spezifischen Nutzenvorteile im Gespräch mit dem Einkäufer zu kommunizieren. Der Grund dafür? Offensichtlich kennen sie das Gesetz des extremen Nutzens bzw. der extremen Auswirkung nicht.

Haben Sie sich schon einmal gefragt, weshalb die Marketingfachleute eines bayerischen Automobilherstellers ein neues Fahrzeug mit Allradantrieb nicht auf einer breiten, wenig befahrenen Sommerstraße, sondern beim Fahren auf einer extrem steilen und schneebedeckten Skisprungschanze präsentierten? Diese Topwerbeberater kennen das Gesetz der extremen Auswirkung.

Denn, wann wird Ihnen der Nutzen eines Angebots oder eines Lieferanten erst richtig drastisch bewusst? Klar, wenn Ihr Zahn vereitert, die Wurzel und Ihr halber Kiefer entzündet sind und Ihre Backe doppelt so dick ist wie normalerweise. Dann wird Ihnen der Nutzen eines ausgezeichneten Kieferchirurgen – im Vergleich zu einem normalen Zahnarzt – schlagartig bewusst.

Und entsprechend sollten Sie bitte auch mit Einkäufern kommunizieren. Machen Sie ihnen den Nutzen Ihres Angebots in Extremsituationen bewusst. Versetzen Sie den Einkäufer bitte gedanklich in extreme Situationen, indem Sie ihm passende Fragen dazu stellen.

Also beispielsweise sagt der Verkäufer eines Armaturenherstellers nicht etwa wie bisher: „Unsere Armatur verfügt auch über die Zertifizierung im englischen Markt", sondern er argumentiert, sofern er hier eine eigene Stärke bzw. eine Schwäche des Wettbewerbers erkennt, folgendermaßen:

> Wenn Sie nun sagen, dass die andere Armatur günstiger sei, stellt sich mir die Frage, ob diese auch über die benötigten Zertifizierungen für das englische Versorgungsnetz verfügt? Aber sicherlich lassen Sie sich die notwendige englische Zertifizierung ja vorab schriftlich bestätigen. Denn was würde passieren, wenn die Armatur ohne entsprechende Zulassung eingesetzt würde und es zu einem Schaden im Rohrnetz käme? Auf wen würden dann diese Kosten zukommen?

Ein anderes Beispiel: Der Verkäufer eines Sicherungssystems im Lkw-Bereich sagt nicht einfach zum Einkäufer: „Unser Sicherungssystem ist zweifach gesichert", sondern er fragt den Kunden: „Wie viele Schutzbügel sind Ihnen beim anderen Sicherungssystem schriftlich bestätigt worden? Einer oder zwei? Sicherlich ist Ihnen bewusst, was es unter Umständen bedeuten kann, wenn die Lkw-Ladung nicht zweifach gesichert ist. Die Frage bei einer einfachen Sicherung ist, wen zum Schluss die Schuld träfe, falls der Warentransport nicht doppelt abgesichert war und ein Mitarbeiter dadurch zu Schaden käme?" Auch die Einkäufer arbeiten mit extremen Methoden. Weshalb sollten Sie es dann nicht auch als Verkäufer bzw. Führungskraft tun?

8.8.2 Auf Einwände der Einkäufer reagieren

Einkäufer haben naturgemäß in Preisverhandlungen Einwände zu Ihrem Angebot. Häufig handelt es sich um kritische Einwürfe des Einkäufers bzw. seiner Kollegen aus der Technik, die ein Verkäufer im Laufe seiner Tätigkeit zu hören bekommt. Grundsätzlich sollte man jeden Einwand ernst nehmen und höflich darauf eingehen. Nur wenn ein Einkäufer persönlich beleidigend wird, ist es manchmal notwendig, klar zu signalisieren, dass man dies nicht mit sich machen lässt.

Im Folgenden habe ich für Sie einige beispielhafte Antworten auf häufige Einwände von Einkäufern zusammengestellt:

„Wir haben bereits einen Lieferanten und sind eigentlich zufrieden."

- „Was heißt eigentlich zufrieden? In welchem Bereich würden Sie sich Verbesserungen wünschen?"
- „Wenn ich fragen darf, welcher Lieferant ist momentan bei Ihnen vertreten?"
- „Wie würde es sich auf die Leistungsfähigkeit Ihres bisherigen Lieferanten auswirken, wenn Sie uns den ersten Auftrag geben würden?"
- „Testen Sie uns als zweiten Lieferanten. Von allen wichtigen Dingen hat der Herrgott uns zwei gegeben. Weshalb also nicht auch von den Lieferanten?"
- „Sind Sie mit Ihrem bisherigen Lieferanten hundertprozentig verheiratet?" (Nach eigenen Erfahrungen funktioniert das allerdings nur bei männlichen Einkäufern!)

Bitte hören Sie genau hin, wie sich der Einkäufer in Bezug auf seinen bisherigen Lieferanten äußert, und reagieren Sie dann entsprechend sensibel auf die Nuancen in der Aussage, wie z. B.:

- Extrem zufrieden
- Ganz zufrieden
- Eigentlich zufrieden
- Waren bisher zufrieden

- Klappt meistens ganz gut
- Könnte man mal darüber nachdenken

„Ich habe wenig Zeit."

„Wenn Sie wenig Zeit haben, dann nur kurz die zwei wichtigsten Punkte …" Und dann sagen Sie zum Einkäufer „Erstens …" und nach fünf Minuten „Zweitens …".

„Ich bin an Ihrem Angebot nicht interessiert."

„Weshalb nicht?" Erfragen Sie die Gründe, bieten Sie Alternativen an, sprechen Sie bitte die Einkäufer auf vorhandene Produkte bzw. Anwendungen und dafür geeignete Lösungen an.

„Wir haben keinen Bedarf."

- „In welchem Bereich haben Sie keinen Bedarf?"
- „Bis wann haben Sie in diesem Bereich keinen Bedarf?"
- „Wann wieder?"
- „Wie sieht der Bedarf in den anderen Sektoren x, y und z aus?"

„Sie sind zu teuer."

- „Im Vergleich wozu sind wir, Ihrer Ansicht nach, zu teuer?"
- Stellen Sie spezifische, möglichst detaillierte Leistungsfragen.
- Zeigen Sie die extremen Auswirkungen bzw. den extremen Nutzen Ihres Angebots auf. (Abschn. 8.8.1)
- Setzen Sie die Neugiermethode ein. Darunter verstehe ich die Nennung eines – für Ihren Kunden – unbekannten Namens mit Bezug zum Angebot bzw. Ihrer Branche, um Ihren Kunden neugierig zu machen und von der Preisseite auf die Leistungsseite zu kommen (s. Abschn. 8.7).

„Ihr Wettbewerber hat ein günstigeres Angebot."

- „Welche Wettbewerber sind im Spiel?"
- Nur damit Sie auch wirklich das wirtschaftlichste Angebot erhalten, schlage ich vor, dass wir uns das Wettbewerbsangebot einmal gemeinsam ansehen und mit unserer Offerte vergleichen. Sie können auch gerne die Preise abdecken.
- Wenn möglich, sollten Sie die Qualitätsunterschiede zwischen Ihrem Angebot und dem des Wettbewerbers drastisch schildern.
- Fordern Sie bitte aktiv Kundenleistungen ein, die Ihren Deckungsbeitrag positiv beeinflussen und die für Ihren Verhandlungspartner aus dem Einkauf keinen zu großen Aufwand darstellen. Also, wenn beispielsweise der Verkäufer den Kunden bittet, ihm die Druckvorlagen als fertiges, zum Druck geeignetes PDF zur Verfügung zu stellen. Für den Kunden ist dies kein großer Aufwand und der Anbieter spart sich dadurch kostenintensive Fotosatz- bzw. Bildarbeiten im Vorfeld des Drucks. Dadurch gelingt es dem Anbieter gegebenenfalls, preislich etwas attraktiver für den Kunden zu werden.
- Hinterfragen Sie bitte Zusatzpotenziale detailliert, um eventuell ein Paketangebot unterbreiten zu können.

„Darüber entscheidet mein Kollege!"

- „Ah, interessant und wie heißt Ihr zuständiger Kollege?" Nun bitte den Namen notieren.
- „Dann würde ich ihn gerne sprechen. Könnten Sie mich bitte verbinden oder haben Sie eine Durchwahl für mich?"
- Setzen Sie sich mit dem Kollegen zusammen oder vereinbaren Sie einen Termin dazu, falls der Kollege gerade nicht da ist.

„Wir überlegen es uns – wir melden uns dann!"

„An welchem Punkt überlegen Sie noch?" Falls der Einkäufer nur einen Aspekt nennt, bitte die Ausschlusstechnik anwenden, die folgendermaßen funktioniert: „Verstehe, dies ist also der einzige Punkt, der noch geklärt werden sollte und dann könnten Sie sich also vorstellen, das Projekt mit uns zu realisieren und den Auftrag an uns zu vergeben."

8.8.3 Zusatzaspekte im Preisgespräch

Nachdem wir nun einige Standardeinwände und die dazu passenden Antworten betrachtet haben, werden wir nun weitere Aspekte erörtern, die es im Preisgespräch zu beachten gilt.

Zahlungsbedingungen
Ein Einkäufer meinte zu mir, viele Verkäufer wüssten anscheinend gar nicht, dass sie manchmal mehr bei der Akzeptanz langer Zahlungsziele verschenkten als bei der Gewährung eines Rabatts. Wobei sich diese Aussage natürlich, je nach Höhe des aktuellen Zinsniveaus, relativiert.

Als ich eine Gruppe von Verkäufern mit dieser Aussage konfrontierte, erhielt ich folgende verblüffende Antwort: „Na, das ist doch logisch, wir bekommen unsere Provision ja nicht aufgrund gut verhandelter Zahlungsbedingungen, sondern wegen der Höhe der gegebenen Rabatte bzw. erzielten Preise." Da haben die Verkäufer nun einmal Recht. Doch vielleicht steckt in dieser Aussage auch eine Chance für viele Unternehmen. Könnte es in Ihrem Unternehmen sinnvoll sein, die Vertriebsmitarbeiter auch von gut verhandelten Zahlungsbedingungen profitieren zu lassen?

Überraschungstechnik
Die Anwendung der Überraschungstechnik habe ich während einer Begleitreise mit einem Spitzenverkäufer erlebt.

Die Einkäuferin eines Handelshauses im Möbelbereich meinte zu ihm: „Na, diese Couch bekomme ich bei Ihrem Wettbewerber aber 20 Prozent günstiger." Jeder normale Verkäufer hätte nun beispielsweise gesagt: „So viel Rabatt schaffe ich nicht ganz, doch x Prozent könnte ich am Preis nachlassen." Damit würde er nur wertvolle Deckungsbeiträge verschenken.

Was machte unser Spitzenverkäufer? Er entgegnete der Einkäuferin: „20 Prozent billiger? Das überrascht mich aber." Daraufhin erwiderte

die Kundin: „Das glaube ich Ihnen schon, dass Sie das überrascht."
Der Spitzenverkäufer hakte nach: „Welches Modell meinen Sie genau?
Ach so, die Couch mit dem Kunstleder und der Standardfederung. Na,
dieses Sofa müssten Sie eigentlich nicht nur 20 Prozent, sondern min-
destens 30 Prozent günstiger bekommen." Die Kundin blickte erstaunt
und fragte nach dem Grund. Der Verkäufer entgegnete: „Wenn ich
Ihnen mal das Echtleder unseres Sofas und den extrastabilen Aufbau
der Federung anhand eines Musters zeigen darf, …" Er verkaufte sein
Sofa ohne einen Cent Nachlass. Er erkannte sofort, dass die Einkäuferin
Äpfel mit Birnen verglich und machte ihr dies drastisch, ohne einen
Cent Rabatt zu gewähren, bewusst.

8.8.4 Formulierungen für Nachfassgespräche

Vermeiden Sie bei Gesprächen zum Nachfassen Ihrer Angebote bitte
die folgenden Beispielfragen. Diese führen durch ihre geschlossene
Fragestellung zu sehr kurzen Antworten der Einkäufer und manchmal
auch zu einem K.O. des Verkäufers:

- „Haben Sie das Angebot schon angesehen?"
- „Sagt Ihnen unsere Offerte zu?"
  Jeder gute Einkäufer wird hier verneinen und nun hat es der
  Verkäufer sehr schwer, aus dieser Situation wieder herauszukommen.
- „Sind Sie mit dem Angebotspreis einverstanden?"
  Diese Frage ist unbedingt zu vermeiden. Bitte keinesfalls die
  Preisseite ansprechen, solange der Einkäufer nicht ausdrück-
  lich danach fragt. Doch leider machen dies immer noch zahlreiche
  Verkäufer.

Gute Erfahrungen haben Verkäufer mit folgenden Formulierungen in
Angebotsgesprächen mit Einkäufern gemacht:

- „Ich habe ja Ihre Anforderung xy (z. B. den Korrosionsschutz),
  der Ihnen besonders wichtig war, mit im Angebot erwähnt. Wie
  finden Sie das?" Sie sprechen eine wichtige Anforderung bzw.

einen wichtigen Wunsch Ihres Kunden an, den Sie mit Ihrem
Angebot erfüllen können. Diese Methode kann ich sehr empfehlen.
Denn durch die Wiederholung einer Anforderung Ihres Kunden, die
Sie mit Ihrem Angebot erfüllen können, schlagen Sie zwei Fliegen
mit einer Klappe: Ihr Kunde fühlt sich verstanden und Sie haben
sofort einen guten Einstieg in Ihr Nachfassgespräch.

- „Welche Alternative sagt Ihnen mehr zu, A oder B?" Das ist nichts
  anderes als die gute, altbewährte Alternativfrage.
- „Welche Informationen fehlen Ihnen noch, um das Projekt mit uns
  durchzuführen?" Entweder bittet Ihr Kunde Sie nun um eine weitere
  Information oder er sagt: „Danke, ich habe alle Informationen die
  ich brauche." In diesem Fall leiten Sie gekonnt den Auftragsabschluss
  ein.

8.8.5 Praxisbewährte Abschlussmethoden

Gerade bei Verhandlungen mit ausgebufften Einkäufern ist es elementar, dass Sie die wichtigsten praxisbewährten Abschlussmethoden nicht
nur kennen, sondern auch aktiv einüben.

Hier eine kleine Übersicht möglicher Abschlusstechniken für Sie, die
man in der Praxis bei Verhandlungen mit Einkäufern, je nach Situation,
anwenden kann.

Die Frage nach dem Liefertermin ist eine große Abschlusschance
Vielen Verkäufern ist es nicht bewusst, dass in der Frage des Einkäufers:
„Bis wann könnten Sie denn liefern?" eine riesige Abschlusschance
steckt. Neun von zehn Verkäufern nennen als Antwort auf diese Frage
einfach eine Lieferzeit von beispielsweise vier Wochen und verschenken
damit eine große Abschlussmöglichkeit.

Verkäufer sollten in dieser Situation immer zuerst zurückfragen:
„Herr Einkäufer, bis wann brauchen Sie die angebotene Maschine
denn?" Jetzt gibt es zwei Möglichkeiten. Erstens: Der Einkäufer
nennt eine unrealistische Terminvorstellung. Dann sollte ihm der
Verkäufer klar kommunizieren, dass die Lieferzeit länger sein sollte.
Oder der Einkäufer nennt eine realistische Terminvorstellung und sagt

beispielswiese zum Verkäufer: „Bis in sechs Wochen bräuchten wir die Lieferung schon bei uns im Hause." Jetzt ist der entscheidende Moment gekommen. Nun darf der Verkäufer nicht einfach bloß „okay" bzw. „in Ordnung" sagen, sondern er sollte den Einkäufer fragen: „Herr Einkäufer, falls ich Ihnen die gewünschte Lieferzeit von sechs Wochen fest zusage, könnten Sie mir dann bitte den Auftrag jetzt unterzeichnen, damit wir rechtzeitig mit der Produktion Ihrer Artikel beginnen können?" Clevere Verkäufer koppeln also die Nennung der Lieferzeit an die Auftragszusage und leiten so gekonnt den Abschluss ein.

Dankeschönabschluss

Viele Verkäufer machen sich das Leben zu kompliziert, indem Sie in der Abschlussphase zu viele, teilweise sogar geschlossene Fragen stellen. Diese gehören jedoch nicht in die Abschlussphase. Denn alle Fragen sollten vor der Abschlussphase bereits geklärt sein. Viel schöner finde ich den kurzen und höflichen Dankeschönabschluss. Sie sagen zum Kunden: „Na dann haben wir ja alles soweit geklärt. Die Lieferung Ihrer Ware planen wir dann, wie gewünscht, für den 16. Mai vormittags fest ein." Solange Ihr Kunde nicht widerspricht, reichen Sie ihm nun einfach die Hand und bedanken sich höflich für seinen Auftrag.

Blockabschluss

Beim Blockabschluss notieren Sie die Fragen Ihres Kunden in Stichworten und klären diese dann nacheinander, also beispielsweise folgendermaßen: „Na, dann haben wir ja alle wesentlichen Fragen klären können. Nun möchte ich Sie bitten, uns die Bestellung zu unterzeichnen."

Dies geht natürlich nur, sofern die direkte Vergabe der Bestellung in Ihrem Kundenkreis möglich ist. Andernfalls könnten Sie z. B. auch so formulieren: „Gut, nun haben wir alle wesentlichen Aspekte geklärt, dann bestätigen wir Ihnen hiermit den Auftrag mündlich und lassen Ihnen morgen die schriftliche Auftragsbestätigung zukommen."

Sie können Ihren Kunden auch zum Schluss darum bitten, Ihnen seine schriftliche Bestellung mitzugeben, sofern dies in Ihrer Branche üblich ist.

In manchen Branchen bzw. Unternehmen, in denen ein Blockabschluss normalerweise nicht üblich war, habe ich ihn trotzdem eingeführt. Hierzu ein Praxisbeispiel:

Ich war mit einem Vertriebsmann eines führenden Unternehmens aus der Medizintechnik, das u. a. Stents vertreibt, unterwegs. Stents werden bei kardiologischen Eingriffen zur Behandlung von Gefäßverengungen eingesetzt. Der Einkäufer meinte zu ihm: „Unsere Ärzte haben Ihren Stent gut beurteilt und schlagen vor, mit zehn Stück zu beginnen." Nun dachte ich eigentlich, der Außendienstmitarbeiter würde den Auftrag sofort notieren bzw. sich die Bestellung schriftlich geben lassen. Doch weit gefehlt. Er sagte nur zum Einkäufer: „Dann lasse ich Ihnen gerne ein Angebot dazu aus unserer Zentrale zukommen." Also schlug ich bei unserem nächsten Treffen mit dem Gesamtvertrieb vor, die Abschlussphase in Zukunft anders zu gestalten, also nicht mehr auf ein noch zu erstellendes Angebot zu verweisen, sondern einfach den Preis für die angefragte Menge zu nennen, den Auftragsblock rauszuholen und um die Unterschrift des Kunden zu bitten. Die Entrüstung der Verkäufer war groß: „Das haben wir noch nie gemacht. Dies ist in unserer Branche total unüblich." Ich blickte in zahlreiche ungläubige Gesichter. Bis wir den Praxistest machten. Und siehe da, in vielen Fällen konnten die Vertriebsmitarbeiter die Standard-Stents sofort mithilfe der kundenindividuellen Preisliste und einem neu eingeführten Auftragsblock erfolgreich verkaufen. Übrigens wurden daraufhin bundesweit alle Verkäufer dieses Unternehmens mit Auftragsblöcken ausgerüstet und entsprechend auf die Anwendung der Abschlussmethodik trainiert. Heute ist es für diese Vertriebsmitarbeiter völlig normal, einen Auftragsblock bei sich zu tragen.

Der Erfolg dieser Verkaufsmannschaft und der Geschäftsführung war übrigens so groß, dass ein großer internationaler Konzern darauf aufmerksam wurde und das Unternehmen für einen mehrstelligen Millionenbetrag kaufte.

Bei sehr individuellen Angeboten mit sehr hohen Auftragssummen ist der Blockabschluss natürlich nicht immer möglich. Doch bei kleinen und mittleren Auftragswerten und Standardprodukten funktioniert er öfter als man denkt.

Verdienst- bzw. Ganz-normal-Abschluss

Der Kunde zögert beim Kauf seines neuen Firmenfahrzeugs noch und äußert seine Zweifel, ob der Aufpreis für den zusätzlichen Allradantrieb wirklich notwendig sei. Der Verkäufer meint: „Es ist ganz normal, dass man beim Fahren auf die Sicherheit besonders viel Wert legt, gerade im Außendienst. Schließlich fahren Sie ja, wie Sie mir berichteten, 70.000 Kilometer pro Jahr – und davon einige Monate bei schlechten Wetterverhältnissen, mit Regen oder Schnee. Da haben Sie und Ihre Familie sich schon ein sicheres Fahrzeug verdient."

Gleich-dalassen-Abschluss

Dieser Abschluss ist zwar nicht in allen Branchen möglich, Sie können ja schlecht eine Verpackungsmaschine, die Sie Ihrem Kunden zeigen, gleich dalassen, doch bei vielen Handelsprodukten ist diese Möglichkeit durchaus gegeben. Falls einem Kunden die neue Computeranlage mit der neuen Software bei der Vorführung vor Ort so gut gefällt, weshalb sollte der Verkäufer ihm nicht anbieten, sie gleich dazulassen? Man soll ja die Kartoffeln bekanntlich essen, solange sie heiß sind.

Wir haben diese Abschlussmethode z. B. bei einem Unternehmen, das Werkzeuge vertreibt, erfolgreich einsetzen können. Der Vertriebsmitarbeiter zeigte den Kunden das Diamantschleifwerkzeug. Wenn grundsätzliches Interesse bestand, bot er den Kunden an: „Wenn Sie möchten, lasse ich Ihnen diese Diamantschleifscheibe gleich da, dann können Sie diese praktisch im Einsatz testen. Falls Sie nicht zufrieden sind, brauchen Sie auch nichts für diese erste Scheibe zu bezahlen. Bei Gefallen begleichen Sie die Rechnung bitte einfach innerhalb von vier Wochen."

Wie gesagt: Dieser Abschluss muss zur Branche passen, hat jedoch einem renommierten Unternehmen zu einem starken Wachstum verholfen, insbesondere bei der Gewinnung von Neukunden.

Teilabschluss

Wenn am Tisch des Einkäufers ein Komplettabschluss nicht möglich ist, wird ein sog. Teilabschluss eingeleitet. Wenn der Verkäufer merkt, dass seinem Verhandlungspartner beispielsweise neun Positionen zusagen, jedoch die zehnte Position im Moment noch nicht akzeptiert wird, kann es von Vorteil sein, einen Teilabschluss über die ersten neun Positionen mit einer nachvollziehbaren Preisanpassung einzuleiten.

Alternativabschluss

Typisches Beispiel hierzu: Ein Kellner, der nach dem Essen fragt: „Darf es noch etwas zum Trinken für Sie sein?", verkauft mit dieser geschlossenen Art der Frage i. d. R. weniger als sein Kollege, der in Alternativform fragt: „Möchten Sie noch gerne einen Espresso oder lieber doch einen Cappuccino?"

Übrigens kann es auch durchaus eine Rolle spielen, welche Alternative ein Verkäufer an welcher Stelle nennt. Ich empfehle Ihnen die für Sie ertragreichere Variante bzw. die höhere Menge zum Schluss zu nennen. Nicht von ungefähr fragt ein cleverer Telefonverkäufer eine Privatkundin: „Möchten Sie die 12er- oder doch lieber die 24er-Krokettenpackung bestellen?" Er weiß genau, dass er mehr Kroketten verkauft, wenn er die höhere Zahl am Schluss nennt.

Emotionaler Abschluss

Ihr Kunde hat ein dringendes Problem: Er braucht z. B. innerhalb kürzester Zeit Ware von Ihnen. Einmal angenommen, Sie können sein Problem kurzfristig zu seiner vollsten Zufriedenheit lösen. Nun geht das Verkaufen erst los. Denn jetzt ist der richtige emotionale Moment gekommen. Ihr Kunde ist Ihnen dankbar. Deshalb schildern Sie jetzt bitte zuerst Ihren hohen persönlichen Einsatz zur Lösung seines Problems und dann, nachdem Ihr Kunde sich für Ihre Bemühungen bedankt hat, sprechen Sie mögliche zusätzliche Auftragspotenziale aus Bereichen an, in denen der Einkäufer bisher noch nicht bestellt hat. Häufig fühlt Ihr Kunde sich nun verpflichtet, Ihnen mit einer Bestellung entgegenzukommen, da Sie ja gerade erst sein dringendes Problem gelöst haben.

8.8.6 Die Kunst der Weiterempfehlung

Gute Verkäufer wissen: Vitamin B schadet nur dem, der es nicht hat. Eigentlich ist es ganz einfach, wie ich von einem erfahrenen Vertriebsmann lernte:

- Sie erstellen eine Liste Ihrer besten zufriedenen Kunden, zu denen Sie eine gute Beziehung haben.
- Sie fragen diese Kunden, wie zufrieden sie mit Ihrem letzten Projekt waren. Sicher erhalten Sie hier eine positive Antwort.
- Und dann erwähnen Sie beiläufig bitte Folgendes: „Gern würde ich mein Vertriebsgebiet ja noch weiter ausbauen. Sie, Herr Kunde, kennen doch bestimmt noch den einen oder anderen Ansprechpartner in Ihrer Firma bzw. bei anderen Ihnen bekannten Unternehmen, an die ich mich einmal unverbindlich wenden könnte. Ich wäre Ihnen hier für einen Tipp sehr dankbar."
- Sie notieren die Empfehlungsadressen und fragen, ob Sie sich bei den genannten potenziellen Neuinteressenten auf ihn beziehen dürfen. Nun bedanken Sie sich für seine Empfehlung. Ich kenne einen Verkäufer im technischen Vertrieb, der in einem Jahr 30 neue Empfehlungen und daraus eine ganze Reihe neuer Aufträge gewinnen konnte.

Hinzu kommt, dass Ihre guten bestehenden Kunden häufig auch gute potenzielle Neukunden kennen bzw. empfehlen, die hoffentlich nicht zu sehr auf den Preis Ihres Angebots schauen, denn Sie wurden ja persönlich empfohlen. Nun haben wir gemeinsam einige Chancen für erfolgreiche Verkaufsgespräche erörtert.

Erfolgreiche Unternehmen denken in Prozessen
Hier mal ein Verkaufstraining und dort mal eine Optimierungsmaßnahme im Vertrieb – die Zeiten der unkoordinierten Einzelaktionen sind vorbei. Erfolgreiche Unternehmen denken in Prozessen und optimieren systematisch ihre preisclevere Kommunikation, indem Sie im ersten Schritt ein durchdachtes Konzept dazu erstellen. Nun haben wir gemeinsam einen Blick auf die Methoden der Einkäufer, ihr Verhalten im Preisgespräch und auf Impulse zur Optimierung Ihrer Preiskommunikation geworfen.

Führen Sie doch bitte einmal den Preisfitnesstest in Kap. 9 durch. Sie entdecken dabei sicher weitere Chancen, wie Sie im harten international nationalen Preiskampf noch erfolgreicher werden können.

Transfer in die Praxis

- Gehen Sie bzw. Ihre Vertriebskollegen gekonnt und mit einer geeigneten Methode auf die wörtlichen und körpersprachlichen Signale Ihrer Verhandlungspartner ein?
- Wurde eine Liste mit den wichtigsten zu erwartenden Einwänden Ihrer Gesprächspartner und den dazu passenden Antworten, bezogen auf Ihre Verhandlungssituationen, erstellt?
- Werden Ihre Angebote konsequent und systematisch anhand eines geeigneten Gesprächsleitfadens nachgefasst?
- Beherrschen Sie die wichtigsten Abschlusstechniken professionell, um im richtigen Moment den Abschluss gekonnt einzuleiten und Ihren Auftrag zu sichern?

9

Ihr Preisfitnesstest

Was Sie aus diesem Kapitel mitnehmen

Testen Sie bitte einmal, wie es um Ihre Preisfitness bestellt ist. Wie stellt sich die derzeitige Situation in Sachen preiscleverer Kommunikation und ertragsstarkem Verkaufen bei Ihnen im Unternehmen dar? Anhand dieses Tests können Sie erste Optimierungspotenziale ausmachen, die Sie systematisch ausschöpfen können.

Bitte füllen Sie den Preisfitnesstest in der Tab. 9.1 aus und vergeben Sie Schulnoten von 1 bis 6.

© Springer Fachmedien Wiesbaden GmbH, ein Teil von Springer Nature 2018
C. Kober, *Die Verhandlungsmethoden der Einkäufer,*
https://doi.org/10.1007/978-3-658-22548-3_9

Tab. 9.1 Preisfitnesstest

	Note (1–6)	Ihre gefundenen Chancen
Wir analysieren die Preise unserer Wettbewerber regelmäßig		
Wir berechnen unseren Kunden konsequent in Anspruch genommene Zusatzleistungen		
Wir haben im Vertrieb nicht nur Preisuntergrenzen, sondern auch Preiszielwerte für die einzelnen **Produkte bzw. Leistungen definiert**		
Das Einhalten der Preiszielwerte wird bei uns regelmäßig kontrolliert		
Unsere Verkäufer haben eine schriftliche Checkliste zur Vorbereitung von Preisverhandlungen		
Unsere Verkäufer verdienen mehr, wenn sie zu besseren Preisen oder mit kürzeren Zahlungszielen verkaufen		
Unsere Innendienstmitarbeiter können Anfrage- und Preisgespräche erfolgreich führen und wurden darin geschult		
Unsere Außendienstmitarbeiter wurden im Führen erfolgreicher Preisverhandlungen trainiert		
Unsere Vertriebsmitarbeiter verfügen über eine Checkliste mit möglichen Kundenleistungen (Leistungen, die Sie vom Kunden einfordern), um bessere Preiserträge erzielen zu können		
Unsere Verkäufer analysieren mindestens einmal im Jahr schriftlich die Zusatzpotenziale unserer bestehenden Kunden		
Das Nachfassen von Angeboten wurde bei uns systematisch trainiert.		
Wir haben klare Preisziele in den einzelnen Kunden- und Angebotssegmenten gemeinsam mit den involvierten Mitarbeitern erarbeitet		
Unseren Verkäufern sind die Mehrwerte, die wir bieten, bewusst. Sie sind in der Lage, diese entsprechend in Preisverhandlungen zu kommunizieren		
Unsere Verkäufer kennen die wichtigsten Methoden professioneller Einkäufer		
Wie würden Sie abschließend die Qualität der momentanen Preiskommunikation in Ihrem Unternehmen benoten?		

Transfer in die Praxis

- Besonders erfolgreiche Unternehmen zeichnen sich meiner Meinung nach in einem Aspekt besonders aus: Sie stärken die Stärken konsequent und bauen diese systematisch aus. Das heißt, einmal als besonders wertvoll bzw. gewinnbringend erkannte Maßnahmen werden systematisch auf die gesamte Vertriebsmannschaft übertragen. Es bleibt also nicht bei einem einmaligen Strohfeuer, sondern bei einer sich kybernetisch verstärkenden Erfolgsspirale.
- Als sinnvolle Maßnahmen zur Steigerung Ihrer Preisfitness kann ich Ihnen zum einen die Erstellung einer schriftlichen Checkliste zur Verhandlungsvorbereitung und zum anderen das Einfordern aktiver Kundenleistungen in Preisverhandlungen empfehlen.
- Darüber hinaus ist es von entscheidender Bedeutung, gerade im Hinblick auf Ihre Auftragsquote, ob Anfragen von Kunden einfach nur in Angebote verwandelt werden, ohne auch nur einmal mit dem Kunden über seine Anfrage vorab zu sprechen, oder ob sie konsequent und systematisch hinterfragt werden, bevor ein Angebot geschrieben wird.
- Die Qualität des Anfragegesprächs und das Nachfassen des Angebots sind für den Auftragserfolg oftmals elementar. Dies belegen auch konkrete Ergebnisse aus unseren Projekten.

Ich hoffe, Sie haben beim Ausfüllen die eine oder andere Optimierungschance entdeckt.

10

Begriffe aus der Welt der Einkäufer

Was Sie aus diesem Kapitel mitnehmen

Infolge der zunehmenden Globalisierung und Digitalisierung hat sich in den letzten Jahren ein ganz eigener Einkäufer-Jargon mit speziellen, meist englischen Begriffen gebildet.

Für Verkäufer und Unternehmer ist es wichtig, die grundlegende Bedeutung der Fachbegriffe aus der Welt der Einkäufer zu kennen, um Verhandlungen auf Augenhöhe führen zu können. Daher werden in diesem Kapitel die wichtigsten Bezeichnungen kurz und prägnant erläutert.

Ein Verkäufer berichtete mir: „Als ich mit dem Einkäufer eines internationalen Konzerns verhandelte und er mich fragte, weshalb unsere LCC-Quote so gering sei und ob wir eCl@ss und XML-fähig seien, verstand ich nur noch Bahnhof."

Damit es Ihnen nicht auch so geht, habe ich im Folgenden einige wichtige Begriffe aus der Welt der Einkäufer für Sie zusammengestellt.

© Springer Fachmedien Wiesbaden GmbH, ein Teil von Springer Nature 2018
C. Kober, *Die Verhandlungsmethoden der Einkäufer*,
https://doi.org/10.1007/978-3-658-22548-3_10

A

- **APS** – Advanced Planning System
  Dabei handelt es sich um eine Software zur Planung und Steuerung der Supply Chain vom Erstlieferanten bis zum Endkunden.

B

- **BANF**
  Eine BANF ist eine Bestellanforderung, um Güter in einer bestimmten Menge und Qualität zu einem bestimmten Termin zu beschaffen. Falls ein Mitarbeiter oder eine Abteilung etwas bestellen möchte, wird eine BANF vorab an den Einkauf zur Genehmigung weitergeleitet.
- **BAPI** – Business Application Programming Interface
  Hier handelt es sich um eine standardisierte Programmierschnittstelle zum Zugriff auf die Daten eines ERP-Systems.
- **Big Data** bzw. Massendaten
  Der Ausdruck Big Data bezeichnet sehr große Datenmengen, welche zu schnelllebig oder zu unstrukturiert sind, um sie manuell zu analysieren. Big Data wird auch als Synonym für ein neues Zeitalter der digitalisierten Kommunikation und Beschaffung verwendet.
- **BMEcat**
  Das ist ein XML-basiertes standardisiertes Austauschformat bzw. eine Anweisung für Katalogdaten im B2B-Bereich.
- **BtO** – Build-to-Order-Beschaffung
  Beim Build-to-Order-System bzw. der Auftragsfertigung erfolgt die Produktion der Ware erst nach dem Auftrags- bzw. Bestelleingang.
- **BtS** – Build to Stock
  Im Build-to-Stock-Verfahren bzw. der sog. Lagerfertigung werden Güter hergestellt und auf Lager gelegt, teilweise noch bevor der Einkäufer diese offiziell bestellt, um die sehr engen Terminvorgaben einhalten zu können.

- **B2B** – Business to Business
  Ein Hersteller, Dienstleister bzw. Händler steht in einer Geschäftsbeziehung mit einem Firmenkunden.
- **B2C** – Business to Consumer
  Ein Unternehmen hat eine Geschäftsbeziehung zu Privatkunden.

C

- **Cash-to-Cash-Kreislauf**
  Die benötigte Zeit für den Geldumschlag wird mithilfe der Debitorenlaufzeit, der Lagerdauer und der Kreditorenlaufzeit berechnet. Diese Kennzahl zeigt, wie zügig eine Firma ihr Working Capital (arbeitendes Kapital) wieder in Cash, also Geld, umwandeln kann.
- **Claim Management** bzw. Claim-Zurückweisung (Nachtragsmanagement bzw. -zurückweisung)
  Lieferanten versuchen systematisch, für tatsächliche oder teilweise auch fingierte Zusatzleistungen entsprechende Zusatzhonorare beim Einkäufer einzufordern. Hierzu werden systematisch Mehrleistungen des Lieferanten erfasst und analysiert. Der Einkäufer wehrt ungerechtfertigte Nachforderungen des Lieferanten ab und bedient sich dazu entsprechender Kontrollverfahren bzw. teilweise auch juristischer Abwehrstrategien.
- **COGS** – Cost of Goods Sold
  Dies sind die kompletten Produktionskosten der verkauften Güter nach dem Umsatzkostenverfahren.
- **Collaborative Optimization**
  Hierunter versteht man die gemeinsame Optimierung der Beschaffung durch den Lieferanten und den Kunden, häufig bereits in der Entwicklungs- bzw. Planungsphase. Die Zusammenarbeit bzw. der Austausch von Ideen und Daten wird dabei mithilfe elektronischer Collaboration-Softwareprogramme bzw. mithilfe IT-gestützter Portale abgewickelt.
- **CPV – Common Procurement Vocabulary** (übliches Beschaffungsvokabular)
  Bei europaweiten Ausschreibungen sind zwingend einheitliche Begriffe bzw. Formulare zu verwenden, die in ihrer Gesamtheit

als Common Procurement Vocabulary (CPV) bezeichnet werden. In zahlreichen Formularen, die Lieferanten ausfüllen müssen, wird die Angabe des sog. CPV-Codes gefordert.

- **CPV-Code**
  Der Common-Procurement-Vocabulary-Code ordnet jedem Auftragsgegenstand eine Ziffer zu. In einer Liste aller möglichen Leistungen und Liefergegenstände wird jeweils ein eindeutiger Schlüssel (eine bestimmte CPV-Nummer bzw. ein bestimmter CPV-Code) zugeordnet.

- **CSR-Rating** – Corporate Social Responsibility Rating
  Innerhalb des CSR-Ratings wird in den drei Bereichen soziales Verhalten, ökologische Nachhaltigkeit und ökonomisches Handeln eine Bewertung durch den Einkäufer bzw. eine unabhängige Ratingagentur vorgenommen. Beispielsweise werden im Bereich der Ökologie auch die Beschaffungspartnerschaften eines Unternehmens genau untersucht. Eine Firma, die keine ausreichenden Sozialstandards – beispielsweise bei der Beschäftigung von Mitarbeitern in der Textilproduktion in Ländern der Dritten Welt – berücksichtigt, schneidet in diesem Sektor schlecht ab.

- **CTM** – Capped Time + Material
  Dies bezeichnet die Abrechnung nach Zeit und Material mit maximaler Preisgrenze.

- **C2C** – Consumer to Consumer
  Ein Privatkunde steht in einer Geschäftsbeziehung mit einem anderen Privatkunden.

D

- **DATANORM**
  DATANORM ist ein Standardverfahren für den Artikel- bzw. Stammdatenaustausch zwischen Herstellern, Fachhändlern und dem Handwerk in der Baubranche. Grundlage sind Satzbeschreibungen, die der DATANORM-Arbeitskreis Datenaustausch unter Mitarbeit von Verbänden, Herstellern, Fachhändlern und Softwarehäusern fachtechnisch im Detail konzipiert und festgelegt hat.

- **Digitales Stammdaten- und Vertragsmanagement**
  Moderne Einkäufer verwalten heute sämtliche Stamm- und
  Vertragsdaten digital, wie beispielsweise Angaben zur Rechtsform des
  Anbieters, zum Produktprogramm, zu vorhandenen Zertifizierungen,
  Preisen und Konditionen.
- **DPO** – Days Payable Outstanding
  Diese Kennziffer gibt an, wie viele Tage ein Unternehmen durch-
  schnittlich braucht, um seine Verbindlichkeiten zu begleichen.

E

- **EBIT** – Earnings Before Interest and Taxes
  Der Begriff bezeichnet den Gewinn vor Zinsen und Steuern.
- **EBPP** – Electronic Bill Presentment and Payment (elektronische
  Rechnung und Bezahlung)
  Man unterscheidet erstens nach der Art der verwendeten Daten:

  – Strukturiert: z. B. im XML-Format
  – Nicht strukturiert: z. B. im PDF-Format

  Zweitens unterscheidet man nach der Abrechnungsart:

  – *DB* – Direct Billing:
  Der Lieferant ermöglicht dem Kunden, Rechnungen elektronisch
  vorab einzusehen bzw. zu prüfen.
  – *CM* – Consolidator-Modell:
  Rechnungen werden auf einer neutralen Plattform konsolidiert
  bzw. gebündelt präsentiert. Die Plattform kann dabei i. d. R. von
  mehreren Lieferanten genutzt werden.

- **eCl@ss**
  eCl@ss ist der branchenübergreifende Produktdatenstandard für
  die Klassifizierung und eindeutige Beschreibung von Produkten
  und Dienstleistungen. eCl@ss hat sich national und international als wichtiger Industriestandard durchgesetzt. Entwickelt wurde
  er vom eCl@ss e. V. in Kooperation mit dem Bundesministerium
  für Wirtschaft und Energie. Der eCl@ss e. V. ist eine Non-Profit-
  Organisation.

Über die klassischen Anwendungen in der Beschaffung, im Controlling und Vertrieb hinaus, zeigt eCl@ss seine besondere Stärke im Einsatz für das unternehmensübergreifende Prozessdatenmanagement und im Engineering. eCl@ss ist in der Industrie, im Handel, im Handwerk, bei Lebensmitteln, Dienstleistungen u. v. m. seit vielen Jahren etabliert und deckt mit seinen 41.000 Produktklassen und knapp 17.000 Merkmalen einen Großteil der gehandelten Waren und Dienstleistungen ab.

Dabei wird in folgende Gruppen unterschieden:

1. Sachgebiete (z. B. Maschinenbau)
2. Hauptgruppen (z. B. Werkzeugmaschinen)
3. Gruppen (z. B. spezielle Maschinen)
4. Untergruppen (z. B. spezielle Maschinenteile)

- **ECR** – Efficient Consumer Response
  Unter ECR versteht man die systematische Ausrichtung der Versorgung auf die Wünsche und den Bedarf der Kunden. Dazu gehören oftmals auch enge Partnerschaften mit Lieferanten im Bereich Marketing, Vertrieb und Produktentwicklung.
- **EDIFACT** – Electronic Data Interchange for Administration, Commerce and Transport
  Hierbei handelt es sich um einen weit verbreiteten Nachrichtenstandard, der von einer Abteilung der Vereinten Nationen entwickelt wurde. Er dient der exakten Beschreibung von Gütern bzw. zur Übermittlung möglichst spezifischer Nachrichten.
  Detaillierte nähere Informationen dazu finden Sie auf der Webseite www.edi-wissen.de.
  Im Folgenden finden Sie eine Liste mit wichtigen Codes für einzelne Branchen (ohne Anspruch auf Vollständigkeit):

  – CEFIC – Chemische Industrie
  – EANCOM – Konsumgüterindustrie
  – Edi@Energy – Strom und Gas
  – EDIBDB – Baustoffbranche
  – EDIFICE – Hightech-Industrie
  – EDIFOR – Speditionsbranche
  – EDIFURN – Möbelbranche

- EDIGAS – Ferngasgeschäft
- EDILEKTRO – Elektroindustrie/Elektrogroßhandel
- EDILIBE – Buchhandel
- EDIPAP – Papierhersteller/-großhandel/-verarbeitende Industrie
- EDITEC – Sanitärbranche
- EDITEX – Textilindustrie
- EDITRANS – Transportwirtschaft
- EDIWHEEL – Reifen- und Räderhersteller
- ETIS – Telekommunikation
- ODA/ODIF – Allgemeine Dokumentenformate
- ODETTE – Automobilindustrie
- RINET – Versicherungswirtschaft

- **Einkaufscontrolling**
  Im Einkaufscontrolling werden beispielsweise die Kosten für bestimmte Produkte, Rohstoffe, Maschinen oder Leistungen erfasst und analysiert.
  Es stellt sicher, dass die Kosten der Beschaffung möglichst im Rahmen bleiben und den Zielvorgaben entsprechen. Dazu werden qualitative und quantitative Ziele innerhalb des Einkaufs gesetzt und deren Einhaltung regelmäßig – häufig bereits in automatisierter Form – kontrolliert. Automatisiert bedeutet, dass beispielsweise die eingesetzte Software für das Einkaufscontrolling dem Einkäufer automatisch ein Signal gibt, sobald stärkere Abweichungen zwischen dem Ziel und dem Ist-Wert, z. B. bei Lieferterminen oder Preisvorgaben, zu verzeichnen sind.

- **Einkaufsinformationssystem**
  Der Ausdruck bezeichnet ein webbasiertes System für das Einkaufsmanagement. Es unterstützt den Einkäufer u. a. bei folgenden Aufgaben:

  - Einkaufskonzeption
  - Informationsmanagement
  - Lieferantenauswahl und -management
  - Produktanalyse und -dokumentation
  - Abwicklung und Auswertung von Bestellungen
  - Erstellung von Statistiken zur Kontrolle
  - Erfassung von Lieferterminen und -mengen

- **Electronic Purchasing** bzw. Desktop Purchasing
  Diese beiden Ausdrücke bezeichnen eher die abwickelnden bzw. operativen Tätigkeiten als die strategischen Aufgaben im elektronischen Einkauf.
- **E-Ordering**
  Mit E-Ordering ist das elektronische Bestellen per Online-Verbindung gemeint.
- **ERP-System** – Enterprise-Resource-Planning-System (Warenwirtschaft)
  Unter Enterprise Resource Planning versteht man ein umfassendes Konzept zur Bedarfsplanung und -steuerung. Zur Erzielung optimaler Ergebnisse sollten alle Bedarfe der einzelnen Abteilungen eines Unternehmens und möglichst umfassende relevante Informationen eingebunden werden. Durch das ERP-System werden Bedarfe zentral erkannt, unternehmensintern gebündelt und geplant. Aufgrund der großen Datenmengen kann das ERP-Konzept i. d. R. nur mithilfe geeigneter Softwareprogramme umgesetzt werden. Es ermöglicht es dem Einkäufer, u. a. zur Neige gehende Lagerbestände und Lieferrisiken zeitnah zu erkennen.
- **E-Signature** – elektronische Signatur
  Mithilfe der elektronischen Signatur stellt man durch die Unterstützung verschiedener Signaturformate und deren Validierung die Datenintegrität sicher.

F

- **FA** – Fixed Assets
  Darunter versteht man das Anlagevermögen, also Vermögensgegenstände, die langfristig in einer Firma verbleiben, z. B. Maschinen, Gebäude oder Grundstücke etc.

G

- **GTI-Number** – Global Trade Item Number
  Anhand der GTI-Number – einer 8- bis 14-stelligen Identifikationsnummer – lassen sich Produkte und Leistungen weltweit identifizieren.

I

- **IDOC** – Intermediate Document
  Darunter versteht man ein elektronisches Bestelldokument für ein ERP-System
- **IFB** – Invitation for Bidding
  Dabei handelt es sich um eine Einladung zur Abgabe eines Angebots in elektronischer Form.
- **Incoterms** – International Commercial Terms
  Incoterms sind national und international einheitliche und anerkannte Regeln für die Auslegung handelsüblicher Vertragsformen. Sie schaffen ein gleichartiges Verständnis und eine reibungsarme Abwicklung der Zusammenarbeit unter den beteiligten Kunden bzw. Lieferanten.

  Im Folgenden finden Sie eine Auswahl wichtiger Incoterms:

  – CFR – Cost and Freight (Kosten und Fracht)
  – CIF – Cost, Insurance and Freight (Kosten, Versicherung und Fracht)
  – CIP – Carriage, Insurance Paid to (frachtfrei versichert)
  – CPT – Carriage Paid to (frachtfrei)
  – DAP – Delivered at Place (geliefert zum benannten Ort)
  – DAT – Delivered at Terminal (geliefert zum Terminal)
  – DDP – Delivered Duty Paid (verzollt geliefert)
  – EXW – Ex Works (ab Werk)
  – FAS – Free alongside Ship (frei zur Längsseite des Schiffs)
  – FCA – Free Carrier (frei Frachtführer)
  – FOB – Free on Board (frei an Bord)

J

- **JIS** – Just in Sequence
  JIS stellt die Weiterentwicklung des Just-in-Time-Konzepts dar. Hier werden die benötigten Materialien zu einer bestimmten Liefersequenz, z. B. zu einem bestimmten Zeitpunkt, direkt an das Fließband geliefert.

- **JIT** – Just in Time
  Unter dem Just-in-time-Verfahren versteht man eine produktions- bzw. bedarfsorientierte Beschaffung. Die Bedarfsmenge wird also erst zur Verfügung gestellt, wenn der Bedarf tatsächlich besteht.

K

- **Kanban**
  Die Reduzierung unnötiger Lagerbestände steht im Mittelpunkt des Kanban-Systems, einem rollierenden System zur Produktions- ablaufsteuerung, das auf eigenständige Regelkreise in der Produktion setzt.
  Der japanische Begriff Kanban kann mit Karte bzw. Tafel über- setzt werden. Durch das Kanban-System wird mit möglichst wenig Zeit- und Kostenaufwand sichergestellt, dass die richtigen Teile zum korrekten Zeitpunkt am richtigen Ort verfügbar sind. Ziel ist es, ein möglichst reibungsloses und flexibel auf Auslastungsänderungen abge- stimmtes Produktionssystem aufzubauen, das höchst effizient und wirtschaftlich ist sowie jederzeit eine Warenstatusprüfung zulässt. Unterschieden werden hierbei u. a. folgende Kanban-Varianten:

  – Full-Kanban (vom Werk bis zum Verbrauchsort beim Kunden)
  – RFID-basiertes Kanban (mit Einsatz von RFID-Chips bzw. Radio-Frequency-Identifikationssystemen)
  – WOB-Kanban (Ware ohne Behälter)
  – Optik-Kanban (Materialbestände werden hier in einem optischen Verfahren erfasst und gegebenenfalls direkt elektronisch an ein Bestellsystem übermittelt)

L

- **Lieferantencockpit bzw. Lieferanten-Dashboard**
  Dabei handelt es sich um eine Softwarelösung zur Lieferantenerfassung, -bewertung und -klassifizierung, die es dem Einkäufer ermöglicht, bestehende und potenzielle Anbieter nach individuellen Bewertungskriterien (z. B. den erzielten Leistungen

bzw. den generierten Umsätzen) zu gliedern, zu bewerten und geeignete Lieferanten gezielt zu fördern und auszubauen.

- **Lieferantendatenbank**
  Viele große Unternehmen pflegen Lieferantendatenbanken. Hier kann man sich als Anbieter häufig digital registrieren lassen und wird dadurch als potenzieller Anbieter für das betreffende Unternehmen wahrgenommen. In der Lieferantendatenbank kann der Einkäufer individuelle Vermerke vornehmen und bei zukünftigen Bestellungen die gesammelten Informationen über den potenziellen Lieferanten direkt abrufen.

- **Linear Performance Pricing**
  Mithilfe eines Diagramms werden die Preise und Leistungen verschiedener Lieferanten verglichen und somit grafisch plausibel und übersichtlich dargestellt.

- **LOI** – Letter of Intent (Absichtserklärung)
  Im Letter of Intent bestätigen die Vertragspartner, dass sie sich in Verhandlungen über einen anstehenden Vertragsabschluss, z. B. zum Kauf eines größeren Objekts wie einer Immobilie, einer Maschine oder eines Unternehmens, befinden. Häufig wird im Letter of Intent auch der zur Verfügung stehende Zeitraum für eine Due-Diligence-Prüfung vereinbart

M

- **Make or Buy**
  Einkäufer stehen häufig vor der Make-or-Buy-Entscheidung. Der Einkäufer fragt sich hierbei: Sollen wir das Produkt bzw. die Leistung im eigenen Haus produzieren bzw. erbringen, da die strategische Bedeutung sehr hoch und die Bezugsmöglichkeit eher gering ist, oder sollten wir, aus den gegensätzlichen Gründen, eher extern zukaufen?

- **MRO** – Maintenance, Repair and Operations
  Unter MRO versteht man Kosten im Bereich von Wartung, Reparatur und Betrieb, d. h. sog. indirekte Bedarfe.

- **Maverick Buying** – wilder Einkauf
  Maverick Buying bedeutet, dass eine Abteilung in einem Unternehmen eigenständig Bestellungen auslöst, ohne den eigentlich

dafür zuständigen zentralen Einkäufer vorab mit einzubeziehen. Maverick Buying wird auch als sog. wilder Einkauf bezeichnet, der zu unnötig hohen Einkaufskosten und unkoordinierten Bestellprozessen führt.

N

- **NWC** – Net Working Capital bzw. Umlaufvermögen
  Ein hohes Net Working Capital gilt als Indikator für ein finanzstarkes Unternehmen.

O

- **OCI** – Open Catalogue Interface
  OCI ist eine Schnittstelle, die häufig in der Bestellabwicklung und zum Austausch von Katalogdaten zwischen Procurement-Softwaresystemen von SAP eingesetzt wird. Einkaufsseitig wird dabei auch häufig das SAP-Modul EBP (Enterprise Buyer Professional) verwendet.
- **OEM** – Original Equipment Manufacturer
  Ein OEM ist ein Hersteller bzw. Erstausrüster (z. B. ein Automobilhersteller).

P

- **PIM** – Product Information Management
  Das Product Information Management sorgt für die optimierte Darstellung der Produktinformationen in den einzelnen Ausgabeformen (Katalog bzw. Shop etc.).
- **POM** – Purchase Order Management
  Das Purchase Order Management hilft dem Einkäufer bei der Bestell-, Waren- und Prozesskontrolle. Liefert beispielsweise ein Lieferant nicht die bestellte Menge oder überschreitet er einen fixen Liefertermin, erhält der Einkäufer automatisch von seinem Purchase-Order-Management-System einen entsprechenden Hinweis. Das POM-System dient der Überwachung und Kontrolle der Supply Chain, also der gesamten Lieferkette.

- **Portfolioanalyse**
  Bei der Portfolioanalyse handelt es sich um ein strategisches Instrument im Einkauf bzw. in der Unternehmensführung. Dazu werden Produkte oder Dienstleistungen eines Unternehmens kategorisiert. Beispielsweise werden Güter danach eingeteilt, wie hoch ihr momentaner Einkaufsanteil ist und wie sich ihr Absatz in Zukunft voraussichtlich gestalten wird. Daraus werden entsprechende Handlungsoptionen abgeleitet. Das Ziel besteht darin, passgenaue Strategien für einzelne Geschäftsbereiche, beispielsweise für den Einkauf, zu formulieren und zu überprüfen.

- **PQQ** – Pre-Qualification Questionnaire
  Hierbei handelt es sich um einen Fragebogen zur Vorabqualifizierung von Lieferanten, der – oft in digitalisierter Form – potenziellen Anbietern zur Verfügung gestellt wird.

- **PRICAT** – Price Catalogue Message – und
- **PRODAT** – Product Data Message
  PRICAT und PRODAT sind Nachrichtenformate auf EDI-Basis. Im PRICAT-Format werden Preislisten und im PRODAT-Format Produktspezifikationen transferiert.

Q

- **QAF** – Quotation Analysis Form
  Diese Art der Analyse wird von Einkäufern eingesetzt, um vom Lieferanten eine möglichst transparente Kostenübersicht zu erhalten. Die QAF ist ein nach einzelnen relevanten Kostenblöcken (z. B. den Material-, Personal-, Herstellungskosten und weiteren Kostenanteilen) gegliedertes Analyseformular, häufig mit Ausweis des Deckungsbeitrags.

R

- **REACH-Verordnung**
  Speziell in der Chemiebranche spielt die REACH-Verordnung (**R**egistration, **E**valuation, **A**uthorisation and **R**estriction of **Ch**emicals) eine entscheidende Rolle für den Einkäufer. Die

REACH-Anforderungen an beispielsweise die Zusammensetzung und das Verhalten chemischer Stoffe, die es zu beziehen gilt, sind sehr spezifisch und müssen vom jeweiligen Lieferanten nachprüfbar erfüllt werden.

- **RFID** – Radio Frequency Identification
  Mithilfe sog. RFID-Chips, die beispielsweise in Transportbehältern eingebaut werden, ist eine automatische Erfassung des Warenausgangs bzw. -eingangs sowie gegebenenfalls eine vom Bestellsystem automatisch generierte elektronische Nachbestellung neuer Waren möglich.
- **ROCE** – Return on Capital Employed
  Hierunter versteht man die Rentabilität des eingesetzten Gesamtkapitals. Diese Kennzahl gibt an, wie ertragreich mit dem Kapital gewirtschaftet wird.

S

- **Service Level Agreement** – Servicegütevereinbarung
  In einem Service Level Agreement, das ursprünglich aus der EDV-Branche stammt, einigen sich der Lieferant einer Dienstleistung – beispielsweise ein Unternehmen aus dem Heizungsbau, das die Wartung eines Blockheizkraftwerks anbietet – und der Abnehmer darüber, in welcher Qualität und in welchem Umfang bzw. Zeitraum welche spezifisch definierte Leistung – in unserem Fall z. B. zur Wartung der Heizungsanlage – erbracht wird. Dabei werden oftmals verschiedene Servicelevel definiert, beispielsweise Servicelevel 1, 2 und 3 (je nach Umfang und Wert der gewünschten Serviceleistungen).
- **SRM** – Supplier Relationship Management
  Das Supplier Relationship Management ist ein Teil des Supply Chain Management und quasi das Pendant zum kundenbezogenen Customer Relationship Management (CRM). Ziel ist es, eine erfolgreiche Partnerschaft zwischen Kunden und Lieferanten aufzubauen und sich enger auszutauschen, um Kosten- und Zeitvorteile zu generieren.

Mithilfe des SRM-Systems verwaltet der Einkäufer alle relevanten Einkaufsdaten, wie beispielsweise Lieferquellen, Produktgruppen
und Stammdaten. Er erhält, auf Wunsch, jederzeit einen aktuellen
Überblick über die Situation auf der Lieferantenseite und mögliche
Fehlerquellen bzw. Optimierungschancen.

- **Supplier Value Concept**
  Darunter versteht man (in Anlehnung an Kundenwert- bzw.
  Customer-Value-Analysen) das Konzept des wertorientierten
  Lieferantenmanagements im Einkauf. Dabei wird mithilfe des
  Supplier-Value-Ansatzes der Wert der Zusammenarbeit mit einem
  Lieferanten ermittelt. Es wird dabei nicht nur die Kunden-, sondern
  auch die Lieferantenzufriedenheit ermittelt.

T

- **Tier 1**
  Damit ist ein System- bzw. Modullieferant gemeint.
- **Tier 2**
  Dieser Ausdruck bezeichnet einen Lieferanten, der keine kompletten
  Systeme bzw. Module, sondern einzelne Komponenten liefert.
- **Time to Market**
  Mithilfe der Time-to-Market-Methode wird analysiert, welche Zeit
  die eigentliche Produkt- bzw. Leistungsentwicklung vor dem Beginn
  der Vermarktung in Anspruch nimmt. Für viele Unternehmen ist
  eine möglichst gering Time to Market wichtig, um möglichst schnell,
  noch vor potenziellen Wettbewerbern, Innovationen auf den Markt
  bringen zu können.
- **Track and Trace**
  Dabei handelt es sich um ein elektronisches System zur
  Nachverfolgung von Sendungen bzw. Waren in Echtzeit.

U

- **UNSPSC – United Nations Standard Products and Services Code**
  UNSPSC ist ein internationales Klassifikationssystem in der
  Warenwirtschaft. Er wird zur exakten Klassifizierung verschiedener

Produkte und Dienstleistungen eingesetzt und im Namen des United-Nations-Development-Programms verwaltet. Der Schlüssel besteht aus fünf Ebenen. Auf der Website des UNSPSC (www.unspsc.org) werden kostenlose Webinare zur Einführung und genaueren Erklärung des Schlüssels angeboten.

V

- **Value Engineering**
  Value Engineering ist eine Methode zur Planung von Projekten, Gütern und Leistungen im Einkauf. Sie verfolgt den Zweck, den Kundennutzen bei geringstmöglichem Kosteneinsatz zu steigern.
- **VCD** – Virtual Company Dossier (elektronische Nachweise)
  Ein VCD ist die Summe der Nachweise, die ein Bewerber im Zuge eines Vergabeverfahrens zum Beweis seiner Eignung und Qualifikation erbringen muss.
- **VPN** – Virtual Private Network (virtuelles privates Netz)
  Ein Einkäufer kann mithilfe eines VPN-Netzwerks vom PC aus direkt und, im Vergleich zu offenen Zugängen, relativ sicher auf bestimmte Daten im Netzwerk des Lieferanten zugreifen.

W

- **WAP** – Wireless Application Program
  Ein WAP ist ein Softwareprogramm zum mobilen Bestellen.
- **WebEDI** – WebElectronic Data Interchange
  Hierunter versteht man den elektronischen Datenaustausch über die WebEDI-Schnittstelle, die beispielsweise einen Lieferanten mit einem Großabnehmer verbindet, mit dem Ziel, schnelle Reaktionszeiten beim Austausch von Daten aus den eigenen Waren- bzw. Procurement-Systemen zu erreichen.
- **WWS**
  Unter dieser Abkürzung versteht man ein EDV-basiertes Warenwirtschaftssystem zur Verwaltung und Planung des Warenmanagements und zur Steuerung des Warenflusses.

Transfer in die Praxis

- Beschaffungsverantwortliche verwenden eine ganze Reihe von Fachbegriffen. Kennen Ihre Verkäufer im Innen- und Außendienst zumindest die wichtigsten davon?
- Verfügen Ihre Vertriebsmitarbeiter über eine schriftliche Übersicht mit den, für Ihre Branche, relevantesten spezifischen Begriffen aus der Welt der Einkäufer?
- Tauschen die Einkäufer in Ihrem Unternehmen ihr Know-how mit Ihren Verkäufern und umgekehrt aktiv aus?
- Was halten Sie von der Idee, dass neu eingestellte Mitarbeiter im Vertrieb während der Einarbeitungsphase auch eine Zeit lang in der Einkaufsabteilung hospitieren?

Literatur

Verwendete Literatur

Gienke, H., und R. Kämpf. 2007. *Handbuch Produktion. Innovatives Produktionsmanagement: Organisation, Konzepte, Controlling.* S. 212. München: Carl Hanser Verlag.

Weiterführende Literatur

Altmann, HCh. 2009. *Die NEUEN SPIELREGELN im Verkauf. Wie Sie einzigartige Angebote entwickeln, Kunden zum Abschluss verführen und außergewöhnliche Umsätze erreichen.* Weinheim: WILEY-VCH.

Birkenbihl, V. F. 2013. *Psycho-Logisch richtig verhandeln. Professionelle Verhandlungstechniken mit Experimenten und Übungen*, 20. Aufl. Heidelberg: mvg Verlag.

Büsch, M. 2013. *Praxishandbuch Strategischer Einkauf. Methoden, Verfahren, Arbeitsblätter für professionelles Beschaffungsmanagement*, 3. Aufl. Wiesbaden: Springer Gabler.

Chan, M. G. D. 2008. *Der erwachte Drache. Großmacht China im 21. Jahrhundert.* Darmstadt: WBG.

© Springer Fachmedien Wiesbaden GmbH, ein Teil von Springer Nature 2018
C. Kober, *Die Verhandlungsmethoden der Einkäufer,*
https://doi.org/10.1007/978-3-658-22548-3

Detroy, E.-N. 2009. *Sich durchsetzen in Preisgesprächen und Preisverhandlungen,* 17. Aufl. München: mi wirtschaftsbuch.

Faust, P., und G. Yang. 2013. *China Sourcing Beschaffung. Logistik und Produktion in China.* Wiesbaden: Springer Gabler.

Fink, K.-J. 2014. *Bei Anruf Termin. Telefonisch neue Kunden akquirieren,* 5. Aufl. Wiesbaden: Springer Gabler.

Fornahl, R. 2014. *Mehr Umsatz per Telefon. So akquirieren Profis neue Kunden.* Regensburg: Walhalla.

Girard, J., und R.L. Shock. 1998. *Abschlußsicher verkaufen mit Joe Girard. Die goldenen Regeln des besten Verkäufers.* Wiesbaden: Gabler.

Goldmann, H., und A.-R. Raisch. 1994. *Wie man Kunden gewinnt. Das weltweit erfolgreichste Leitbuch moderner Verkaufspraxis,* 15. Aufl. Berlin: Cornelsen.

Helmold, M., und B. Terry. 2016. *Lieferantenmanagement 2030. Wertschöpfung und Sicherung der Wettbewerbsfähigkeit in digitalen und globalen Märkten.* Wiesbaden: Springer Gabler.

Kotler, Ph. 2004. *Philipp Kotlers Marketing-Guide. Die wichtigsten Ideen und Konzepte.* Frankfurt a. M.: Campus.

Meier, Andreas. 2012. *ebusiness & eCommerce Management der digitalen Wertschöpfungskette.* Wiesbaden: Springer Gabler.

Würth, R. 2010. *Entrepreneurship in Deutschland Wege in die Verantwortung.* Künzelsau: Swiridoff.

Druck:
Canon Deutschland Business Services GmbH
im Auftrag der KNV-Gruppe
Ferdinand-Jühlke-Str. 7
99095 Erfurt